港口后勤区域空间组织机理

梁双波 著

科学出版社
北京

内 容 简 介

港口后勤区域是港口功能的重要延伸拓展空间，构筑合理的港口后勤区域空间组织是确保港口物流功能充分发挥的重要保障。本书在系统总结港口后勤区域相关研究成果的基础上，进一步界定了港口后勤区域的内涵，并从中微观空间尺度，以上海和南京港港口后勤区域为例，着重从港口后勤区域演化机理、空间效应、区位选择等方面研究港口后勤区域空间组织机理，全书共分为7章。第1章为绪论；第2~6章重点阐述港口后勤区域的形成演化机理、上海和南京港港口后勤区域的形成演化过程、基于企业数据的港口后勤区域识别及演化、上海和南京港港口后勤区域空间效应、区位选择；第7章为结论与展望。

本书可供人文地理、交通运输地理等相关领域的研究学者和规划工作者以及相关部门的管理者、高等院校相关专业师生参考、阅读。

图书在版编目（CIP）数据

港口后勤区域空间组织机理 / 梁双波著. —北京：科学出版社，2014.12

ISBN 978-7-03-042473-0

Ⅰ. ①港… Ⅱ. ①梁… Ⅲ. ①港口管理–后勤管理–组织管理–研究–华东地区 Ⅳ. ①U691

中国版本图书馆 CIP 数据核字（2014）第 263337 号

责任编辑：周 丹 罗 吉 / 责任校对：钟 洋
责任印制：徐晓晨 / 封面设计：许 瑞

科 学 出 版 社 出版
北京东黄城根北街 16 号
邮政编码：100717
http://www.sciencep.com

北京京华虎彩印刷有限公司 印刷
科学出版社发行 各地新华书店经销

*

2014 年 12 月第 一 版　开本：720 × 1000 1/16
2016 年 2 月第二次印刷　印张：9 3/4
字数：202 000

定价：98.00 元
（如有印装质量问题，我社负责调换）

前　　言

随着以现代港口为核心的各种后勤服务活动的日益活跃，与港口后勤服务相关的各类功能区正处在快速变化之中。港口后勤区域作为港口功能的重要延伸拓展空间，其研究受到相关领域学者的关注，目前地理学尤其是港口地理学主要从中宏观尺度对相关领域展开探讨。从总体上看，国内外相关成果对港口后勤区域形成演化的深层机理研究均相对薄弱，从微观尺度对港口陆域可达性、港口后勤区域发展的城市及土地综合利用等方面的效应研究较少。鉴于此，本书以上海和南京港港口后勤区域为例，探讨了港口后勤区域的演化机理、空间效应及区位选择，一方面为港口地理学的深化提供新的理论和方法；另一方面则为港口物流发展及区域发展提供理性思维和决策依据。

港口后勤区域是指与主要港口区域（main port areas）空间上相对隔离、功能上联系紧密的相关物流区域，其形成演化受到各种要素和各种子系统之间的长期相互作用与影响，但全球供应链发展与港口功能演化、外部规模经济与企业合作推动、区域交通网络布局与资源禀赋以及城市发展需求与发展政策导向始终是各阶段港口后勤区域演化的重要驱动力。在一般条件下，港口后勤区域的演化遵循初步发育、非均衡拓展、非均衡快速扩张和高度分化四阶段演化模式。

对上海和南京港港口后勤区域的分析显示，总体上看，目前上海和南京港港口后勤区域演化已进入港口后勤区域演化的第三阶段中后期，但上海部分港口后勤区域发展已表现出第四阶段的某些发展特征。未来随着港口功能的演化、供应链一体化及生产系统的变迁，港口后勤区域的发展将快速向第四阶段演化。

伴随着港口功能的转变和全球供应链的日益完善，港口后勤区域得到快速发展，并对其所依托的城市、港口周边土地利用变化等产生明显影响。研究显示，围绕外高桥保税物流园区的开发，周边土地利用结构整体向非均衡状态发展，且距离保税物流园区越近，土地利用均衡度越低；随着南京沿江各类港口后勤区域的开发，土地综合利用程度不断提高，开发强度不断加大，建设用地扩展呈明显的蔓延态势；总体上在 1km 范围内土地开发强度最大，在 1~1.5km 范围内建设用地扩展强度减弱。对外高桥保税区与上海市关联效应的分析显示，1995 年以来外高桥保税区与上海市的关联发展效应总体上趋于强化且呈一定的波动态势。

港口后勤区域的合理布局对港口功能的提升及港口后勤区域效应的发挥具有重要影响。针对外高桥保税物流园区、洋山深水港物流园区及龙潭保税物流中心等极具典型性的港口物流区域，本书从综合运输成本最小化的角度探讨了其区位选择问题，研究显示，未来外高桥保税物流园区应向东南方向扩展，洋山深水港物流园区应向南拓展，龙潭保税物流中心则应向西方向发展。

作　者
2014年7月

目 录

前言
第1章 绪论·· 1
　1.1 引言·· 1
　　1.1.1 现代物流发展对港口地理相关研究提出新要求··· 1
　　1.1.2 港口后勤区域成为当前港口竞争的重要领域··· 1
　　1.1.3 港口后勤区域是港口地理研究的新趋向··· 2
　　1.1.4 上海和南京港港口后勤区域具有很强的典型性··· 2
　1.2 研究意义·· 4
　　1.2.1 理论意义··· 4
　　1.2.2 实践意义··· 5
　1.3 相关研究进展·· 6
　　1.3.1 港口后勤区域的类型功能、区位优化与合理规模研究······························· 6
　　1.3.2 港口物流及其运作绩效研究··· 9
　　1.3.3 港口后方陆域可达性相关研究··· 11
　　1.3.4 基于相关港口后勤区域的港口演化理论研究··· 12
　　1.3.5 港口后勤区域发展效应分析··· 13
　　1.3.6 结论与启示··· 18
　1.4 研究思路与内容·· 18
　　1.4.1 研究思路··· 18
　　1.4.2 研究内容··· 19
第2章 港口后勤区域的形成演化机理·· 21
　2.1 港口后勤区域内涵界定·· 21
　2.2 港口后勤区域要素组成及发展特征·· 23
　　2.2.1 要素组成··· 23
　　2.2.2 发展特征··· 24
　2.3 港口后勤区域形成演化的影响机制·· 25
　　2.3.1 全球供应链发展与港口功能演化··· 26
　　2.3.2 外部规模经济与企业合作推动··· 26
　　2.3.3 区域综合交通网络布局与资源禀赋··· 27

2.3.4　城市发展需求与发展政策导向 ·· 27
　2.4　港口后勤区域的演化模式 ·· 28
　　　2.4.1　初步发育阶段 ·· 28
　　　2.4.2　非均衡拓展阶段 ·· 29
　　　2.4.3　非均衡快速扩张阶段 ··· 30
　　　2.4.4　高度分化阶段 ·· 31
　2.5　小结 ·· 32

第3章　上海和南京港港口后勤区域的形成演化过程 ·· 34
　3.1　港口后勤区域起源及萌芽阶段 ·· 34
　　　3.1.1　港口后勤区域的起源期 ··· 34
　　　3.1.2　港口后勤区域的萌芽期 ··· 37
　3.2　港口后勤区域初步拓展阶段 ·· 39
　　　3.2.1　现代港口后勤区域初步发展 ·· 40
　　　3.2.2　港口后勤区域间相互影响开始初显 ·· 41
　3.3　港口后勤区域快速扩张阶段 ·· 42
　　　3.3.1　港口库场等传统港口后勤区域快速发展 ··· 42
　　　3.3.2　各类现代及广域港口后勤区域形成 ·· 46
　　　3.3.3　区域经济对港口后勤区域演变影响日益显现 ··· 46
　　　3.3.4　港口后勤区域间相互影响普遍 ·· 47
　3.4　小结 ·· 48

第4章　基于企业数据的港口后勤区域识别及演化 ·· 52
　4.1　上海港口物流企业的空间布局演化 ·· 52
　　　4.1.1　数据说明及研究方法 ·· 52
　　　4.1.2　上海市港口物流企业空间分布及演化特征 ··· 54
　　　4.1.3　港口物流企业空间格局演化的影响因素 ··· 60
　4.2　基于企业数据的港口后勤区域识别与演化 ·· 62
　　　4.2.1　研究方法 ·· 63
　　　4.2.2　企业视角港口后勤区域演化特征 ·· 64
　4.3　集装箱运输企业布局演化及港口后勤区域识别 ·· 67
　　　4.3.1　数据说明及研究方法 ·· 68
　　　4.3.2　基于集装箱运输企业的港口后勤区域识别 ··· 68
　4.4　小结 ·· 74

第5章　上海和南京港港口后勤区域空间效应 ·· 75
　5.1　外高桥保税物流园区开发对土地利用结构的影响 ·· 75

5.1.1　研究范围界定 ·· 75
　　　5.1.2　研究方法 ·· 75
　　　5.1.3　外高桥保税物流园区开发对土地利用结构的影响特征 ······················ 77
　5.2　龙潭港口后勤区域建设对周边土地开发利用的影响 ································ 79
　　　5.2.1　港口后勤区域建设对土地综合利用程度的影响 ······························ 79
　　　5.2.2　港口后勤区域建设对建设用地空间结构的影响 ······························ 84
　5.3　外高桥保税区与上海市的关联效应 ··· 88
　　　5.3.1　研究方法与数据来源 ·· 89
　　　5.3.2　外高桥保税区与城市关联效应的动态变化特征 ······························ 93
　　　5.3.3　外高桥保税区与城市关联效应动态变化的内部影响机制 ··················· 94
　　　5.3.4　外高桥保税区与城市关联效应动态变化的外部影响机制 ·················· 100
　5.4　小结 ··· 103
第6章　上海和南京港港口后勤区域区位选择 ··· 105
　6.1　研究思路、方法及数据资料 ·· 105
　　　6.1.1　研究思路与方法 ·· 105
　　　6.1.2　数据资料 ··· 110
　6.2　上海和南京港港口后勤区域区位评价 ··· 110
　　　6.2.1　港口后勤区域至港区的运输成本 ··· 110
　　　6.2.2　港口后勤区域至腹地的运输成本 ··· 112
　6.3　港口后勤区域区位选择 ··· 124
　　　6.3.1　外高桥保税物流园区 ·· 124
　　　6.3.2　洋山深水港物流园区 ·· 125
　　　6.3.3　龙潭保税物流中心 ··· 126
　6.4　小结 ··· 127
第7章　结论与展望 ·· 128
　7.1　主要结论 ··· 128
　7.2　创新点 ·· 129
　7.3　展望 ··· 130
参考文献 ··· 131
附表 ·· 140
致谢 ·· 147

第1章 绪　　论

1.1 引　　言

港口后勤区域（port backup area）作为一个科学新概念，最初发端于20世纪70年代中期的欧美国家尤其是德国和荷兰（Hesse and Rodrigue，2004；Lee，2005），尽管迄今为止学术界对其表述尚未一致，但一般认为它是在空间上与主要港口区域相对隔离，功能上与港口紧密相连的储存、分拣、加工、配送的物流活动区域。现代意义的港口后勤区域主要包括运输服务中心、物流中心、配送园区、离岸集装箱园区、内陆集装箱站点及自由贸易区等。港口后勤区域概念的逐渐萌生以至引起相关学科的关注，有着十分深刻的国际和国内背景。

1.1.1 现代物流发展对港口地理相关研究提出新要求

从全球范围看，20世纪80年代以来，经济全球化的不断加深促进了跨国公司生产活动的全球扩展和全球生产网络的形成，全球供应链应运而生（Tsui-Auch，1999）。经济全球化促进了全球（区域）生产、销售网络的变化，这对整个交通、物流行业产生了深刻影响。全球范围内的货流格局已经并正在发生一系列革命性变化：在全球货运增长尤其是集装箱运输不断加快（Global Insight预测至2025年全球集装箱贸易量年均递增率为5.32%）的总体背景下，货运柔性化与一体化特征逐步显现；货运高频率、长运距趋势不断加强；以物流配送中心（园区）为主导的货运模式开始建立。从国际物流业对港口行业的影响看，主要表现为三个方面：港口功能的拓展；港口纵向、横向联盟不断扩大；港口腹地的传统概念渐赋新的内涵。港口后勤区域作为港口功能的重要延伸拓展空间，其研究显得更加迫切。

1.1.2 港口后勤区域成为当前港口竞争的重要领域

随着全球化进程的推进，全球范围内的资源流通加快，世界集装箱运输得到快速发展，班轮公司和集装箱运输船舶规模不断扩大；为了吸引更多的集装箱运输船舶、班轮等挂靠，越来越多的集装箱码头经营者通过改善基础设施等方式来满足用户的各种需求，港口间的竞争更加明显。随着集装箱运输技术的推广和多式联运技术的快速发展，世界港口市场已经由垄断性向相互竞争性转变，集装箱港口的腹地更是相互交错、重叠，航运公司等的港口选择就有更可行的替代性（Cullinane and Khanna，2000），集装箱港口运输相关产业竞争不断加剧。从物流成本构成来看，内陆货物运输费用占集装箱运输总费用的比重高达 40%~80%，航运公司扩展陆向腹地的联盟方式已明显不同于旧有的经营协议，联盟的形式达到一个新高度，他们通过内陆物流、信息、资源共享等方式与内陆物流供应商进行谈判（Notteboom，1997）。如何进一步优化整合陆向腹地的物流网络已成为港口经营者、班轮公司降低物流成本的重要拓展方向。此外，全球范围货流格局的巨变和物流网络时代的来临对港口水运业产生了极为深刻的影响：一方面，港口在价值链中的功能作用和等级体系不断重构（Goetz and Rodrigue，1999）；另一方面，除腹地、货源、航线和船公司竞争外，港口之间的竞争正向更大范围和更深层次延伸（曹有挥等，2003）。作为综合运输链中的重要环节和现代物流业发展的重要平台，如何优化布局疏运网络，实现生产、运输、销售体系的无缝对接已成为增强港口竞争实力的重要因素。综上所述，港口后勤区域已成为港口特别是集装箱港口提升港口效率的重要因素，港口后勤区域已成为当前港口竞争的重要领域。

1.1.3 港口后勤区域是港口地理研究的新趋向

从港口地理学的研究范畴来看，港口地理已形成了相对完善的研究体系，且随时代背景的变化，研究范畴不断拓展；目前国外港口地理的研究主要包含港口及港口体系演化理论、港口与城市（区域）关系分析、航运网络及航运市场研究、港航企业等几个方面；国内港口地理相关领域的研究主要表现在四个方面：港口资源评价、港口地域组合、港口功能以及集装箱港口体系等研究（王成金，2008）。但从空间研究的视角来看，上述研究更多的是从中宏观角度展开，基于微观视角的相关研究相对较少。特别是随着港口功能的转变及内陆物流集疏运网络的一体化，各种物流企业（公司）逐渐向港口周边地区集聚以取得规模经济和集聚经济效益，港口后勤区域研究逐步兴起并引起国外学者的关注。在国内，围绕配套构建与各级资源配置中心发展相适应的港口群空间组织成为未来港口地理研究的新热点，港口后勤区域相关研究则成为港口地理研究的新趋向。

1.1.4 上海和南京港港口后勤区域具有很强的典型性

作为我国区域经济最为发达的地区，长江三角洲（简称长三角）地区港口（群）数量众多。在全国 38 个国家主枢纽港中，长三角地区拥有 9 个，2012 年长三角地区

(两省一市)港口共完成货物吞吐量 32 亿 t,吞吐规模最大,港口类型齐全(拥有海港、内河港、江海港、河口港和岛址港等各种类型的港口),港口物流起步也较早。

2013 年 9 月,国家发展和改革委员会会同交通运输部启动《依托长江建设中国经济新支撑带指导意见》研究起草工作,长江经济带开放开发正式成为中国区域经济发展新的战略中心。在此背景下,上海港和南京港作为我国最大的海港、河港已成为国家和地区参与全球竞争的优势所在和竞争实体,在全球物流网络中的地位必将进一步提升。

上述两港围绕"上海国际航运中心"和"长江国际航运物流中心"的建设,在港口基础设施建设不断推进的同时,与港口功能直接相关的各类功能区得到快速发展,港口后勤区域建设不断加快,目前上海和南京港主要现代港口后勤区域见表 1-1。

表 1-1 上海和南京港主要港口后勤区域

地区	名称	成立时间	主要功能	规划面积
上海	外高桥保税区	1990.6	最早成立的保税区,以国际贸易、先进制造、现代物流及保税商品展示交易功能为主	10km²
	外高桥保税物流园区	2003.12	全国首家"港区联动"试点区,以国际中转、国际配送、国际采购和转口贸易功能为主	1.02 km²
	浦东集装箱物流园区	2003.6	以集装箱运输第三方物流服务为主	0.37 km²
	洋山深水港物流园区	2003.8	全国首家保税港区的有机组成部分,以国际中转、配送、采购、转口贸易和出口加工为主	21.4 km²
	吴淞国际物流园区	在建	以"国际集装箱多式联运"和钢材配送为主	8.3 km²
南京	龙潭物流基地	2002.8	以保税物流中心为核心,形成保税仓储分拨配送、航运交易、国际商品交易、区域性整车发运及零部件配送四大中心	10.5 km²
	江北化工物流基地	在建	以化工原料和液体化工品等仓储、采购、分销贸易服务为主	—
	金属建材物流基地	在建	以金属、建材仓储、加工、配送为主	—
	雨花综合物流园区	在建	以区域物流分拨、集装箱多式联运、物流增值服务为主	—

外高桥保税区位于浦东新区东北部,东临浦东运河,西靠杨高路,南近金桥出口加工区,距上海市黄浦江西岸的市中心约 20km,以国际贸易、出口加工、物流仓储及保税商品展示交易为主要功能,是我国第一家成立的保税区,也是目前全国 15 个保税区中经济总量最大的保税区,是中国(上海)自由贸易试验区的重要组成部分。根据《上海外高桥保税区开发股份有限公司 2013 年度非公开发行股票预案》,截至 2012 年年底,外高桥保税区封关面积 8.9km²,工业总产值达到

726.48亿元，仓储面积达到226万m²，集聚了全球、日通、UPS等全球知名的第三方物流企业和SONY、东芝、康明斯等知名跨国公司自营物流企业，物流企业数量达到800余家，物流业经营收入3398.3亿元，同比增长2.2%；物流货物进出口额达到775.95亿美元，同比增长10.2%，占外高桥保税区进出口额的76.2%。

洋山深水港物流园区位于临港新城西侧，东临A2（沪芦高速）公路，距洋山深水港区32km，距上海中心城区54km，距郊区环线10km，距浦东国际机场32km，总用地面积21.4km²，已封关面积6km²，主要开发建设查验区、港口辅助区、仓储物流区、加工制造区、商贸服务区等功能园区，发展港口增值服务、进出口贸易、临港制造、保税物流、航运市场服务以及保税港区管理服务中心等产业和服务功能，是全国首家保税港区的有机组成部分。

南京龙潭物流基地成立于2002年8月8日，2007年被批准为江苏省现代服务业集聚区，规划总面积10.5km²，其定位为国际物流平台、临港工业基地、国际贸易窗口，以国际集装箱多式联运为核心优势，发展成以临港加工产业为主体的现代化新城。2011年龙潭物流基地引进企业20家，仓库增租面积32 759.56m²。

南京龙潭保税物流中心（B型）作为龙潭物流基地建设的核心，是南京地区唯一一家国家级保税物流中心，2006年7月10日正式封关运营，中心占地面积0.86km²，封关面积0.76km²，分为仓储区、管理区、查验区3个区域，规划建设仓库总面积22万m²，现已建设7.5万m²，目前已有5家物流公司进入运营。2011年经营收入实际完成1742万元，运作12 241票货物，报关单数17 800票，总货值17.79亿美元，作业量16.35万t，散货车辆进出13 003次。

本书选取外高桥保税区、外高桥保税物流园区、洋山深水港物流园区及龙潭保税物流中心作为研究样本具有明显的典型性。

1.2 研究意义

1.2.1 理论意义

在国家自然科学基金重点项目（41130750）、国家自然科学基金项目（41101109、40871070）的支撑下，本书以港口后勤区域为对象，通过探讨中国最大海港——上海港和最大河港——南京港的各类港口后勤区域形成过程中各种要素和各种子系统之间相互作用的内在机制与变化规律，揭示其动力机制；在对港口后勤区域形成演化与港口、城市两大系统在时空上相互作用关系探讨的基础上，归纳总结港口后勤区域形成演化的经济地理基础；从综合运输成本最小化的视角结合候选区位可开发空间分析，提出各类港口后勤区域区位优化决策机制和路径。其目的是与国际前沿研究接轨，为港口地理学研究提供新的视角和中国范例，拓展港口地理研究的广度与深度，丰富相关学科的研究内容。

1.2.2 实践意义

从中国尤其是沿海地区态势来看，近10年来，作为拉动经济增长的引擎和参与全球竞争的抓手，港口的大规模重建已构成国家和区域战略的重要方面。在此背景下，一方面，沿海许多港口除了积极扩建深水泊位、整合周边岸线资源、增开国际班轮航线外，都围绕其港口大规模构筑自身的港口后勤区域，纷纷规划建设离岸集装箱园区（off-dock container yark，ODCY）、配送中心（distribution center，DC）、物流中心（logistics center，LC）和自由贸易区（free trade zone，FTZ）等，如上海围绕建成国际航运中心和国际物流网络重要节点的目标，正重点建设洋山港、外高桥、吴淞等临港国际物流园区，同时以联盟和兼并等方式积极筹划建设离岸集装箱园和内陆集装箱站点；南京则根据建成长江国际航运物流中心的目标，积极规划建设沿江物流板块。另一方面，随着沿海地区港口间的竞争逐步加剧，如何争取到更广阔的经济腹地和货源以保证其在内陆地区实现高效中转，已成为港口未来发展的重点之一。例如，厦门市已与三明市签订建设"无水港"投资合作意向书；宁波海关、宁波港集团公司等与上饶市、鹰潭市分别签署了建设"无水港"合作备忘录；湖南省建"无水港"缓解烟花出口压力；天津港已在北京、石家庄、河南、包头、宁夏建立了5个"无水港"；在东北地区，从大连至沈阳、长春、哈尔滨、延吉等"无水港"的集装箱直达班列已开通；大连还计划与长春等城市建立集装箱"无水港"，把大连保税港区的政策向东北城市延伸。

以港口后勤区域建设为主导的港口重建，一方面提升了港口的核心竞争力及其在国际（区域）物流网络中的枢纽地位（金凤君和王晖军，2002；韩增林等，2002；王成金和金凤君，2006）；另一方面也引发了一系列新的"人-地"关系问题。特别是：①不少港口的港口后勤区域建设均以外延式扩张为主，集约程度不高，占地规模偏大，规模效益和集聚优势得不到充分发挥；②许多港口后勤区域功能定位不准，空间布局零乱，重复建设和过度竞争现象屡见不鲜；③盲目建设已引发土地过度占用、生态环境恶化、基础设施不配套等问题，特别是一些不宜开发地区也配置了较多或过大的物流空间，致使资源环境问题趋于严峻。科学认识和合理地解决上述问题不仅是港口后勤区域持续发展不可或缺的前提，又是提升港口乃至整合港口城市核心竞争力的关键。

随着国务院《进一步推进长江三角洲地区改革开放和经济社会发展的指导意见》和国家《物流业调整和振兴规划》的出台，如何加快长三角服务业，特别是物流业的发展成为各地区扩大消费和吸收就业、服务和支撑其他产业调整与发展以及转变经济发展方式和增强地区综合经济竞争力的重要突破点之一。上海和南京两市作为长三角重要中心城市和全国性物流节点城市,如何根据各自产业特点、发展水平、设施状况、市场需求、功能定位等,进一步完善物流设施水平、提升物流发展水平,带动区域物流网络的完善成为长三角乃至更大区域物流业发展对其提出的迫切要求。在此过程中,上海、南京两港作为上海国际航运中心和长江国际航运物流中心建设的主要载体,港口基础设施建设本身一方面提升港口综合竞争实力;另一方面随着港口功能的转变,两港的各类港口后勤区域对长江流域乃至更大腹地经济发展和物流建设具有重要意义,相关研究具有很强的典型性。

1.3 相关研究进展

纵观国内外学者对相关领域的研究可以发现,目前港口后勤区域的相关研究主要可以归纳为以下几个方面。

1.3.1 港口后勤区域的类型功能、区位优化与合理规模研究

现代意义上的港口后勤区域首先出现于 20 世纪 70 年代欧美国家的一些重要港口附近,由于各种物流企业(公司)在此集聚往往能取得显著的规模经济和集聚经济,因此,港口后勤区域布局问题逐渐引起国外学者的关注。

Lee(2005)以东亚地区 6 个国家(地区)10 个主要港口为实证对象,采用多元回归方法对港口后勤区域的布局问题进行了系统分析,结果表明不同类型和处于不同发展阶段的港口后勤区域对其港口区域的作用与影响存在着明显差异;Noritake 和 Kimura(1990)采用离析程序技术,在分析货物运输成本构成的基础上(内陆运输成本和港口运输成本),从国家经济发展角度对海港物流设施的合理规模与区位进行了识别;Taniguchi 等(1999)运用编队(queuing)理论和非线性程序技术对公共物流站点的合理规模与区位进行了研究,并依靠公路运输网络以京都—大阪地区为实证区域进行了分析;Bazzazi 等(2008)运用遗传算法对集装箱港口的仓储空间布局问题做了研究;Ng 等(2008)借助经济学模型通过深度访谈和前提假设,对印度南部内陆交通枢纽空间布局分析显示,货主选择靠近生产区域的内陆集装箱站点并非在于追求最小的运输费用,而主要因为政府的政策以及其他旱港无法对货主提供价值增值服务;Kim K H 和 Kim H B(2002)通过构建成本费用模型对进口集装箱港口的最优存储规模做了数理推导;Zhang 等(2003)运用滚动式优化方法对香港集装箱码头仓储空间布局问题做了研究;Lee 和 Song(2006)运用混合整数线性模型对港口转运枢纽的仓储空间做了分析。

针对港口货物吞吐量特别是集装箱吞吐量快速上升带来的港口周边环境、发展空间等方面的问题,旱港(内陆港)受到学者的关注。Roso 等(2006)对瑞士

内陆集装箱站点的组织结构做了分析，并按照各站点到海港的距离不同将其划分为远距离旱港（distant dry port）、适中距离旱港（mid-range dry port）和临近距离旱港（close dry port）三种类型；Roso 等（2008）在对旱港相关成果归纳的基础上，探讨了旱港存在的理论基础及基本类型；Rutten（1998）探讨了旱港布局的最适区位问题；Ballis 和 Golias（2004）、Narasimhan 和 Palekar（2002）则对旱港节点的运作效率改进做了分析。

国内的相关研究刚刚起步，安筱鹏和韩增林（2001）在分析集装箱运输网络形成、发展规律的基础上，通过构建城市中转站发展指数对东北集装箱运输网络与内陆中转站的发展做了分析，重点探讨了东北集装箱货运站发展现状、存在问题及未来规划；鲁子爱（2002）运用系统分析方法分析了运输系统中各种费用项目对货物转运费的影响程度，通过科学选取费用项目，建立了港口规模优化模型，并根据模型特点和各参变量的物理意义及其相互关系导出了港口最优规模必须满足的条件，给出了利用"爬山法"寻求最优解的方法和具体步骤，并以厦门港为实证对象，认为其应优先发展万吨级以上深水泊位，对有条件的小船泊位进行改造，提高靠泊能力，2010 年厦门港合理的泊位总数为 96 个，其中万吨级以上泊位 49 个，千吨级泊位 34 个，小船泊位 13 个，这对传统港口后勤区域的发展具有较强的指导意义；韩增林等（2003）在分析以物流园区为核心的物流空间节点体系关系及功能的基础上，结合实证研究分析了城市物流园区形成和发展的因素，并以大连市综合物流园区、专业物流中心及配送节点的布局规划进行论证；赵晓卓等（2005）以大连市为例，探讨了现代物流环境下城市仓储设施规划原则与方法。

此外，杨学工和杨贺（2007）根据中国沿海五大港群的结构特征，定性分析了港口物流产业空间的形成基础及其界定标准，并从空间管理体系和结构层次角度对其空间布局优化做了初步分析，认为空间结构层次的优化主要包括区域体系、港城体系、港口国际物流体系和物流大通道这几个方面；杨露萍等（2007）通过模糊评价方法对物流园区集装箱堆场的用地规模计算公式的不均衡系数进行模糊评价，并对物流园区的集装箱用地规模做了测算；陶经辉（2006）通过分析我国中心城市的布局结构，提出了划分物流功能区域的方法，同时以物流园区的布局与城市的布局结构相适应为约束条件，以物流园区建设成本、管理运营成本和配送成本三种成本构成的总成本最小化为目标函数，构建了物流园区数量确定和选址规划的约束非线性模型，并对模型进行了相应的算法研究；陈颖彪等（2009）运用 ArcGIS 相关功能在对南沙港口物流园区交通状况分析的基础上，结合竞争对手空间分析和服务范围评价，探讨了南沙国际物流园区空间布局问题；顾亚竹（2008）在对港口物流园区概念界定的基础上，针对港口物流园区发展战略制定中的关键问题，探讨了港口物流园区的形成机制、发展阶段、选址及发展规模等；汪燕（2008）运用协同理论、生态学理论、信息融合和智能运输系统技术、信息技术,在重新认识港口功能特点和港口物流园区特征与规律的基础上,提出港口物流园区的协同模式与方法;于敏等(2008)通过对大连口岸集装箱运输、集装箱站场发展现状的分析,运用回归分析法对口岸集装箱吞吐量与站场业务量相互关系做了研究,认为未来大连口岸应适当增加集装箱站场数量和规模,通过建设物流园区集装箱站场解决集装箱中转业务面临的场地问题,预测其2010年场地需求约193.6万 m^2。

朱长征和董千里(2009)对国际陆港基础理论的研究认为,国际陆港是建立在内陆地区,依托信息技术和便捷的运输通道,具有集装箱集散、货运代理、第三方物流和口岸监管等综合功能的物流结点,是具有完善沿海港口功能和方便外运操作体系的内陆集散地,并对国际陆港对内陆城市、沿海港口、承运人、货主和运输系统的影响做了分析;杨睿(2006)在分析内陆旱港类型的基础上,统筹考虑成本因素和非成本因素,运用数据包络分析(data envelopment analysis,DEA)方法对内陆旱港及其选址做了探讨;方琴(2008)首先在定性分析无水港选址原则的基础上,将影响无水港选址的要素划分为经济要素和非经济要素,通过设计流量法开发无水港选址模型,对西南地区的无水港选址问题做了探讨,通过无水港铁路换装量的对比分析,认为当西南地区利用北部湾港口和珠江三角洲(简称珠三角)港口进出海时,在贵阳建设一个无水港是最佳的无水港选址和建设方案,此时由贵阳无水港经铁路到达北部湾和珠三角港口的集装箱量分别为6.9万 TEU/a[①]和11.15万 TEU/a,即西南地区出口集装箱利用珠三角港口出海的数量约是利用北部湾港口群的2倍,珠三角港口群对西南地区出口货物的吸引力会增大,而北部湾港口群对西出口货物的吸引力变得相对弱些,铁路转运量为18.06万 TEU。

朱晓宁(2004)利用模糊聚类分析方法,研究了集装箱货运站选址的模糊聚类模型与算法,并以全国236个地级及以上城市为样本,探讨了集装箱货运站建设的可能等级、数量和地址;张兆民(2008)在分析内陆无水港运输模式形成及功能发展的基础上,从经济学的角度对无水港选址因素做了分析,并利用模糊C-均值聚类探讨了内陆无水港最优选址;吕顺坚和董延丹(2007)分析了我国无水港发展现状及问题,其研究认为目前我国的无水港发展尚处于起步阶段,已初步形成三种模式:一是沿海港口为争取货源主动与内陆地区合建无水港,如围绕宁波港发展建立大的金华、义乌、绍兴、衢州等5个无水港;二是内陆地区为发展本地经济建立无水港,主要以南昌和西安为代表;三是沿海港口和内陆地区为各自发展的需要建立无水港。马彩雯等(2008)综合运用基于模糊等价矩阵的聚类模型,选择东北地区34个地级以上城市作为可供选择的内陆集装箱中转站建设地点进行聚类分析,进而对东北集装箱运输内陆中转站布局做了分析,研究显示,

---

① TEU:指标箱。

沈阳、大连、鞍山、长春、哈尔滨、吉林、大庆、盘锦、营口九城市均应设立内陆集装箱中转站。

上述分析显示，目前国外学者已开始把不同类型的港口后勤区域作为一个整体，对其按类型结构、功能布局等问题进行科学实证和规律总结，对内陆旱港（干港、无水港）和集装箱港口内部的相关功能区区位最优布局问题已进行了大量的相关研究；而国内学者的视角则主要集中于不同类型的港口后勤区域尤其是港口物流园区、旱港的选址和布局问题。

1.3.2 港口物流及其运作绩效研究

随着集装箱运输的快速发展，集装箱运输相关产业得到重视和发展，但近几年集装箱运输业发展的商业环境竞争不断加剧，各类船公司、航运公司为了应对日益变化的环境纷纷选择更多的港口挂靠以实现货物门到门运输服务；各类港口为了保持其竞争力则纷纷加大投资引进先进设备或扩展航道以应对先进、大型集装箱船舶的发展趋势，进而降低集装箱船舶公司的运作成本。港口物流及其运作效率发生的巨大变化引起了国内外学者的关注：一部分学者通过各种方法计算、评估港口性能，并力求改进、优化集装箱码头泊位货物运作效率，如 Weille 和 Ray（1974）研究了港口最优能力问题；Chang（1978）分析了港口码头货物移动的生产函数、生产效率及利用率等方面的问题，随后 Noritake 和 Kimura（1983）、Schonfeld 和 Frank（1984）、Imai 等（2002）均对该方面的相关问题展开了探讨。

相对而言，单纯对港口生产效率研究的成果较少，如 Chang（1978）通过建立 C-D 生产函数对美国莫比尔（Mobile）港的运作效率做了研究，但该函数输入变量仅为港务局的纯收入及其搬运工人，并未考虑港口周边的搬运工人；Bendall 和 Stent（1987）通过衡量单一要素生产率对码头的货物作业效率做了研究；Talley（1998）则通过计算一定时期的最优吞吐量水平，并将实际水平与最优水平进行比较来对港口绩效进行评价；Kim 和 Sachish（1986）对以色列阿什杜德港的研究显示，1966～1983 年集装箱技术的运用是影响该港绩效的重要因素，集装箱技术对港口效率提升的贡献达到 85%；Sachish（1996）对以色列阿什杜德港和海法港的实证对象的研究表明运量和投资量是影响港口整体效率的主要因素；Coto 等（2000）利用随机前沿成本函数采用西班牙 27 个港口截面数据评价港口经济效率，研究显示港口的运营模式对经济效率有明显影响，但港口规模大小因素对港口经济效率则没有明显影响；Notteboom 等（2000）等利用贝叶斯随机前沿模型对欧洲和亚洲的集装箱港口的效率进行了计算，发现港口的国有、私有性质与港口效率无关，而港口规模对港口效率的作用是正方向的；Bichou 和 Gray（2004）从物流和供应链管理的角度对港口运作效率进行了探讨；Cullinane 和 Song（2006）运用 C-D 函数对欧洲集装箱港口码头相对生产效率的计算显示，港口码头、节点的规模是影响港口生产效率的重要因素，港口规模越大其绩效普遍较大；Brooks 和 Cullinane（2007）的研究显示，随着宏观经济发展需求的变化，集装箱港口的生产效率会随时间推移而出现一定的变化；Gonzalez 和 Trujill（2008）对西班牙集装箱港口码头效率发展变化情况做了研究，并对该国 20 世纪 90 年代港口制度改革对港口效率的影响情况做了分析，研究显示，港口制度改革导致了科学技术的明显进步，但港口设施技术效率平均变化很小，从长远看，港口效率有较大的提升空间。

国内的杨华龙等（2005）对 DEA 模型加以改进，并选取集装箱港口的泊位长度、桥吊数量、集装箱吞吐量等作为输入/输出指标，以我国主要集装箱港口为实证对象，测度了其相对效率。郭辉（2005）运用随机前沿分析模型对我国和世界一些集装箱港口效率的计算显示，我国集装箱码头的整体生产效率高于欧洲港口的集装箱码头，但我国高生产效率码头和低生产效率码头差距很明显，呈现两极化分布。一方面，一些规模较大的集装箱码头各种码头资源得到充分利用，甚至出现码头严重饱和，吞吐能力不足的现象，如厦门、宁波、上海等主要港口的集装箱码头；另一方面，一些小规模码头投入很大，但集装箱吞吐量增长速度却慢于码头投入要素增长速度，这就导致了码头实际吞吐能力过剩，吞吐能力得不到充分利用，生产效率较低，如上海浦东码头、湛江集装箱码头。作业效率指标仅从一定程度上反映了集装箱码头可以达到的最大程度生产作业率，并不代表码头整体生产效率。

此外，吉阿兵和朱道立（2005）利用极效率 DEA 模型对港口绩效的综合评价显示，汉堡港、新加坡港、香港港、泽布勒赫港和基隆港是最有效的港口，集卡与吊桥配比程度、船舶在港无效逗留时间是影响港口绩效的两个最重要因素。庞瑞芝和子璇（2006）对港口绩效的相关内容进行了探讨。戚馨和韩增林（2008）运用 DEA 方法对辽宁主要港口物流效率做了测算，其研究发现港口的自然条件、基础设施对港口效率存在一定的制约，各港应推进港口物流与港口保税区、出口贸易区和开发区物流的同步发展，以带动港口经济发展。匡海波和陈树文（2007）在对国内外港口效率研究进展评述的基础上，分别对中国港口的技术效率、成本效率、X-效率做了分析，其研究显示我国港口应通过加大对大桥吊数量和泊位长度等基础设施的投资力度，大幅度提升集装箱吞吐能力，努力发展港口多元化服务，以提高港口的技术效率；员工薪酬总额、港口所有权归属与 X-效率存在显著正相关，企业规模与 X-效率则存在负相关，今后港口企业应从改进员工激励制度、完善所有权制度等角度来提高港口 X-效率；港口腹地相关产业、交通运输及仓库邮电业、工业、对外贸易等对港口效率的提升存在重要影响。孙才志和肖姗（2009）运用 DEA 模型，选取码头长度、泊位个数、万吨级泊位个数、海洋运输船舶拥有量艘数、海洋运输船舶功率 5 个要素作为输入指标，选取港口货物吞吐量作为输出指标对 2005 年沿海 11 省市港口经济运行效率状况做了探讨，研究显示河北、上海、浙江3个沿海省市港口经济的综合效率 $\theta=1$，为 DEA 有效，辽宁、天津、山东、江苏、福建、广东、广西、海南8个沿海省市港口经济的综合效率 $\theta<1$，为 DEA 无效。吕媛媛（2007）通过选取泊位长度、泊位水深的绝对值、桥吊数量、场桥数量以及堆场面积为输入指标，集装箱吞吐量为输出指标对上海、深圳、天津、青岛、宁波、广州、厦门、大连8个集装箱港口的港口效率对比研究表明，上海港和深圳港相对效率值较高，这主要是依赖港口腹地经济的飞速发展以及合理的港口定位；厦门港却因为直接腹地经济增长缓慢而影响港口效率值；而宁波港和广州港由于定位不准确，港口规模偏大，造成港口效率值过低；环渤海3个港口的恶性竞争则是其效率值不高且增长缓慢的主要原因。

以上对现有相关文献的梳理显示，目前对港口效率的相关研究主要集中在管理学、技术经济等领域，地理学领域相关研究较少；已有研究更多的是关注港口内部因素对港口物流运作绩效的影响，而对港口后勤区域作为港口功能在内陆腹地的延伸，涉及类似相关等外部因素与港口物流运作绩效关系的研究成果不多。

1.3.3 港口后方陆域可达性相关研究

目前，国外学者对港口内陆通达条件的研究已经逐步由关注单纯的港口集疏运逐渐转向综合物流网络。Notteboom（1997）、Kreukels 和 Wever（1998）等的研究认为内陆可达性条件已成为海港竞争力的重要因素；Pearson（1980）、Slack（1985）、McCalla（1994）等已分别将港口可达性（accessibility of port）、腹地网络（hinterland networks）、内陆交通网络（inland transportation networks）以及内陆铁路交通（inland railway transportation）等作为影响港口竞争力的重要因素加以考虑，港口后方通达性的研究得到重视并逐步开展；Slack（1985，1999）从船舶公司、内陆节点入手研究了港口腹地综合交通网络的结构演化；Klink（1995）则从内陆节点、旱港视角分析了港口交通网络的演化过程。

在国内，韩增林（1995，2002）先后对环渤海港口运输体系的建设与布局展开分析；韩增林和安筱鹏（2001）在讨论集装箱运输网络形成和发展一般规律的基础上，深入分析了东北集装箱运输网络的发展现状、存在问题及内陆运输的规划问题；韩增林等（2002）在建立中国集装箱运输地理信息系统（GIS）的基础上，对中国沿海港口集装箱运输网络的布局优化做了深入分析，提出了中国集装箱运输的几个重要运输通道，并从经济发展对集装箱运输的客观要求出发，用模糊数学的方法，选择典型地区对集装箱运输通道进行了不同约束条件下的评价；金凤君（2004）、陆玉麒和董平（2009）、曹小曙等（2003，2005）、陆锋和陈洁（2008）在对不同区域运输网络的可达性研究中也涉及港口后方陆域通达性问题。

宋炳良（2001）在分析欧洲主要港口间竞争焦点变化趋势的基础上，从理论界定和实证分析上对影响上海内陆空间通达性的因素做了分析，其研究认为港口自身基础设施和货源规模所形成的规模经济性，即船舶吨位、国际航班数和挂靠频率的相应增加会导致基本运费下调和等候时间减少；内陆集疏运的硬件和软件条件、外贸商品的海外流向和流量以及可供选择路径之间的替代程度，即腹地与港口联系的多样性等因素对港口进入内地市场将产生明显影响。孔庆瑜等（2005）以乌鲁木齐到鹿特丹集装箱物流通道为研究对象，通过对不同运输方式类型组合的评价，探讨了基于运输时间、运输费用和客户满意度等多目标决策的集装箱物流通道优化问题。刘建军和杨浩（2004）在分析枢纽港口集装箱运输流程及集装箱运输组织优化原理的基础上，重点研究了枢纽港口集装箱运输的广义费用函数，并提出了基于广义费用目标函数的港口到货主企业间不同运输方式的集装箱组织优化模型。董洁霜（2007）对港口集疏运系统进行物理描述，定义节点、路段和网络，并运用节点扩展的方法对转运枢纽进行描述与定义，建立以系统最优为目标，基于广义费用的多货种、多方式的港口集疏运网络综合平衡优化模型，并对其做了应用评价。金志伟（2007）采用最大熵原理模型作为运量分流方法，以上海经济发展和洋山深水港的运作为背景，研究了上海港集装箱集疏运系统优化，其研究显示，2007～2010年上海港集装箱集疏运工程的重任将主要由公路集疏运系统和水路集疏运系统中的江海联运、外高桥—洋山短驳运输和江海直达共同完成。黄芳和陶杰（2007）借鉴Fuzzy网络流理论，结合港口物流特征，通过建立线性规划模型，对港口物流集疏运系统网络结构优化做了分析。

总体看来，这类大尺度的研究一般均把港口作为一个区位点来分析通达性演化。必须指出，把港口区域作为一个面，从微观尺度对港口及其港口后勤区域可达性的研究尚未充分展开。

1.3.4　基于相关港口后勤区域的港口演化理论研究

港口发展规律是港口地理研究的基本内容，港口码头堆场、仓储空间等的建设是港口建设布局的有机组成部分。围绕港口码头设施建设及其与城市的相对空间关系变化，Bird、Hoyle、Charlier、Notteboom以及Barke、Kuby、McCalla、Lago等针对不同对象构建了不同的发展模式（王成金，2008）。其中Bird的"港口通用模型"将港口发展分为原始、边际码头扩张、边际码头细部变化、船坞细部变化、港池式码头和专业化六阶段，刻画了港口拓展的时空规律，揭示了港口设施建设、功能拓展和技术演进及与城市的关系。Notteboom认为港口设施的发展呈现出布局阶段、拓展膨胀阶段及专业化阶段三个阶段。总体看来，现有港口发展演化理论更多地关注随着外部发展环境的变化，港口码头设施形态及发展空间演化,主要涉及港区(作业区)内部的港口后勤区域发展。刘桂云和阮土平(2009)在对港口区域化发展内涵分析的基础上,初步归纳演绎了星状、网络状和簇状三种模式,并对各种模式的发展特点做了分析。

在全球化背景下的市场分工和产业转移等因素使得国际供应链日趋复杂化,市场力量使得物流一体化特别是区域一体化要求加剧,港口腹地概念突破地理局限,直接取决于经济区域范围。区域经济的发展和港口发展以及区域内物流网络的发展互相依赖,腹地内一个特定物流中心的发展同腹地多个物流平台相连接,港口直接服务于以重要城市为中心的区域配送系统,港口发展的一般模式扩展到区域化发展阶段,具体包括建立阶段、扩展阶段、专业化阶段和区域化阶段四个阶段(Notteboom and Rodrigue,2005)。腹地物流中心、物流服务中心等港口后勤区域在港口一般发展模式中逐步得到重视。

1.3.5 港口后勤区域发展效应分析

港口后勤区域发展表现为从宏观到中微观的各个层面,涉及空间布局、产业发展、环境等众多方面。港口后勤区域发展及其由此引起的港城关系在第二次世界大战后发生了根本性变化,这引起了不同领域西方学者的关注(Norcliffe et al.,1996)。国外关于港口对区域发展影响的研究一般分为国家、地区和城市三个层次,徐杏(2003)将其发展划为三个阶段,并对各阶段的研究成果做了归纳与分析。但从地理学的视角来看,第二次世界大战后西方学者对港口及港口体系与城市(区域)关系的探讨主要有以下内容(徐永健等,2001)。

其一,港城空间结构联系及动力模型研究。20世纪70年代中期以前,港城关系研究主要在港城空间结构联系和港城发展模型研究两方面取得了明显进展。英国地理学家Bird依据港口物质设施的增加与变化,提出著名的"港口通用模型",他将港口的发展划分为六大发展阶段,这是关于港口与城市空间联系的最早探讨,对后来的研究者具有很大的启发意义。Taaffe等(1963)通过对导致港口区位空间格局变化要素的研究归纳出欠发达地区的交通发展模式;Rimmer(1967)随后的研究修改、完善了上述模型,增加了"边缘港口发展与港口体系扩散型发展"这一发展阶段。

其二,港口工业化研究。港口工业化是港口功能与一般城市、区域发生交互作用的主要领域。20世纪70~80年代,众多学者主要从港口发展中的政治因素和港口在区域经济发展中的作用两个方面,探讨港口、工业与城市、区域的空间相互作用及其随时间的变化。有关文献主要收录在《海港体系与空间变化》和《港口工业化与区域发展》两本书中。

其三,滨水区开发与港口-海岸带关系研究。20世纪70~90年代,一些原本被废弃的城市滨水区掀起了再开发的热潮，这引起了众多学者、规划师的浓厚兴趣。Hoyle 等的《滨水区更新》首次对全球滨水区再开发现象进行了多方位的分析，并与 Wright 以查塔姆、普利茅斯和朴次茅斯为研究对象，对滨水区的再开发进行了深入探讨；Krausse 从居民感知的角度入手，探讨了滨水区的再开发问题。70 年代以来，港口及所在海岸带关系发生的显著变化引起了各方关注，Hoyle 的《港口、沿海地带与区域变化》一书总结了这方面的部分研究成果。

近年来，Gleave（1997）进一步分析了港口对城市空间结构的影响；Turner 和 Bateman（1998）则从可持续发展的角度对不列颠海岸带的环境和社会经济变化做了方法论的探讨。此外，Pedersen（2001）探讨了全球化背景下非洲货流运输变化及其对非洲发展的影响；Roso（2007）以哥德堡港为研究对象，从环境角度评估了旱港设立的效应，其研究显示，旱港的设立可以使目的二氧化碳的排放量降低 25%，主要节点的卡车堵塞时间也会有较大的降低；Wilmsmeier 等（2006）通过对运行于拉丁美洲线路的 75 928 家从事海运集装箱业务的有关公司的调查显示，港口效率、港口基础设施水平、港口码头私营化程度、港口间的连通程度等因素在很大程度上影响了国际海运费用，其中港口效率影响程度最大。

国内学者分别从港城空间结构、城市滨水区开发、港口发展经济效益以及港城关联发展效应评价等角度对港口发展效应做了深入探讨。相关研究开始于 20 世纪 50 年代初，以黄盛璋（1951）《中国港市之发展》的出版为标志。改革开放以来，随着沿海和长江沿岸区域综合开发的全面展开，港口在区域发展中的作用凸显，相关研究的社会需求旺盛，研究取得以下重要进展。

一方面，20 世纪 80 年代，高小真（1988，1990）、吴传钧和高小真（1989）以北方海港城市为实证对象，探讨了海港城市的一般成长模式以及动力结构演变与城市发展间的关系；郑弘毅（1991）首次系统地阐述了港口城市的规划问题；杨吾扬等（1986）从空间角度对港城关系进行了研究；胡序威和杨冠华（1990）则对沿海港口城市的发展做了深入的研究；罗正齐（1991）的《港口经济学》对港城间的相互作用也做了探讨。

另一方面，20 世纪 90 年代末以来，王海平和刘秉镰（2001）等从经济学的视角对港口与城市经济发展的关系做了深入研究；钟昌标和林炳耀（2000）以宁波港为例对港口发展的社会效益进行了方法论的探讨，其研究发现宁波港每增加 1 元产值能带来 89.64 元的社会效益，其中前向乘数效益占 48.3%，消费乘数效益占 50.58%；宁涛（2003）对天津港发展经济效益的研究显示，港口全部经济影响带来的增加值是直接、间接经济影响的 1.62 倍，是港口生产增加值的 3.5 倍，全部就业影响是直接经济影响的 1.76 倍，是港口生产产生就业的 6.04 倍；高鸿丽（2000）对长江三角洲港口发展与区域经济关系进行了定性分析，研究显示上海港每万元投入完全产出的国内生产总值（GDP）为 0.967 万元（货运)和0.871万元(客运),每万元投入直接产出的就业需求增加量用金额表示为0.074万元(客运)和0.125万元(货运)。

徐永健和阎小培(2000,2001)系统分析了西方现代港口与城市、区域发展研究的成果,并初步探讨了中国城市滨水区的旅游开发问题;黄飞舞(2000)对上海港与区域经济的关系做了研究;许继琴(1997)对港口城市的成长理论做了探讨并进行了实证分析,研究显示港口对推动地区经济发展的作用首先表现为促进城市成长和城市中心职能的增强,进而通过城市的中心带动作用推动区域经济发展;甘国辉和王健(2005)用港口腹地空间经济模型分析方法,以大连港为例研究了腹地空间经济模型在港口服务潜力评估中的应用,结果表明,与传统的腹地研究方法相比,特定商品的腹地空间经济模型反映了腹地的商品相关性、腹地的空间相关性、腹地的动态性等特点,可定量反映和确定腹地范围及其变化规律;陈再齐等(2005)以广州港为例,运用相关分析与回归分析等定量分析方法,在系统分析广州港经济发展的基础上对港口与城市的互动关系做了研究。

此外,易志云和胡建新(2000)对我国沿海港口城市的结构及发展走势做了分析;张景秋和杨吾扬(2002)的研究认为港口腹地竞争形成的空间集聚和扩散机制在临海地带经济空间结构的演化过程中起到重要作用;徐质斌和朱毓政(2004)对港口经济和港城一体化的理论做了分析;姜石良和杨山(2004)以镇江为例对港口城市发展模式及发展策略做了研究;王明文等(2003)以温州港为例,论述了港口在港口城市规划中的功能定位;林艳君(2004)对宁波港口与城市的互动演变做了分析;狄乾斌和韩增林(2005)从港城关系的视角探讨了大连港的发展问题等;郭建科和韩增林(2006)以大连市为例,运用经济学和城市地理学的相关理论,阐述了现代物流业与港口城市空间再造的关系,研究显示港口物流对港口城市产业空间扩展和临港产业集聚带的形成具有明显的促进作用,港口物流推动了临港制造业在港口城市布局的梯度转移和城市功能的改善;沈玮峰(2006)以江苏南通为例研究了大型港口开发与区域经济发展的关系,从空间角度提出了通过大型深水海港由点到线、由线到面的空间发展战略带动南通地区的发展新思路,并运用区域增长极理论研究了大型港口对南通区域发展的空间影响效应,提出大型港口对南通区域经济发展的直接影响是增长点,通过"大海港—大城市"模式形成南通区域发展极的双核结构,大型港口助推"沪苏通"经济圈形成。

周枝荣(2007)通过对广州及八个国内外重要河口港城空间结构的综合分析,对河口港港城空间结构演变的一般规律做了探讨,其研究认为河口港城发展的一般过程为:城市经济的开发与水路对外联系的产生—港口和城市的兴起—城市对外联系规模的不断增长—港口和城市规模的扩大、功能完善……;未来城市空间将继续呈自然"外溢"式发展,处于城市中心区的老港区越来越有对其进行功能调整甚至改造的必要；港口将有沿河向下游乃至外海发展的趋势，港口与城市中心区在空间上呈分离型发展；伴随着港区的发展，易在新港区周围形成新的城市，新港区的建设也将对城市总体空间发展产生巨大的影响，甚至引领城市空间发展。张明香（2007）分析了港口对区域经济的短期影响效应，认为海港货物吞吐量的短期波动会对上海经济增长的短期波动产生重要影响，通过方差分解得出经济增长的波动主要来自自身的波动，得到外贸货物吞吐量对经济增长方差的贡献度明显大于内贸货物吞吐量。周正柱（2007）在分析保税区在国际物流发展中的优势和作用的基础上，分析了国际物流发展对保税区的影响，认为发展国际物流业有利于保税区进出口贸易的扩大，有利于保税区投资规模的扩大，有利于提高保税区对区域经济的辐射作用，从而有利于保税区向自由贸易区转变。梁双波等（2007）运用灰色关联分析法，通过计算港城关联发展的均值关联度，对近10年南京港城关联发展效应进行了定量测度，其研究结果表明，南京港城关联发展效应总体上比较显著，但具有明显的阶段性，其中，1990～1994年，港城关联发展效应呈弱化状态，1994～1998年呈强化态势，1998年以后则呈现明显的弱化趋势。

此外，王金婷（2008）运用DEA模型对辽宁省港口与区域经济关系的有效性做了分析，认为大连属于港口和经济双有效，营口属于港口有效城市经济无效，锦州和葫芦岛属于城市经济有效港口无效，丹东属于城市经济和港口都无效，这说明辽宁省内部各港口不协调，发展程度各不相同，全省经济发展不平衡，存在地区差异。周平德和周剑倩（2008）运用Eviews 5对穗、深、港港口物流与区域经济增长关系的研究显示，穗、深、港港口物流之间及其与当地和珠江三角洲城市群经济增长之间存在着长期稳定的协调关系，但在因果关系上又各不相同，这反映了三地港口物流之间的竞争与合作关系不同，三地港口物流业在当地和区域经济发展中的作用也不同。例如，广州港口吞吐量增加是广州GDP增长的原因，而广州的GDP增长却不是港口吞吐量增加的原因，这说明港口物流是广州经济发展的动力；广州集装箱吞吐量与GDP之间相互没有因果关系，这说明广州集装箱物流业没有适应城市经济发展的要求，对经济增长的作用甚微，这显示广州适合于发展港口物流及其与之相关的商贸业。深圳港口物流和集装箱物流是GDP增长的原因，这说明深圳港口的服务范围不仅仅是本地，深圳可以通过发展港口物流促进经济增长；香港港口集装箱吞吐量的增加并不是香港GDP增长的原因，这一方面说明传统港口集装箱物流业已不能继续推动香港经济增长；另一方面也反映香港港口集装箱物流逐渐成为香港经济增长的附属产业。王涛（2008）运用DEA模型，通过选取反映港口和城市经济投入—产出的重要指标，其中港口的指标分别是码头泊位数、港口固定资产投资、货物吞吐量和进出口总额；城市的指标有固定资产投资、从业人数、GDP和社会消费品零售总额，对1996～2005年青岛港口对城市经济发展的作用做了分析，研究显示 1997 年、2000~2003 年港口和城市经济都为有效，青岛港的建设投入与青岛市 GDP 之间具有线性关系，青岛港建设投入对青岛市的发展起到了明显的推动作用。陈航等（2009）通过引入相对集中指数对 1985 年以来我国 25 个主要港口城市功能关系、演变特征做了分析，研究显示港口功能与城市功能关系具有不均衡性，港口城市功能关系的演变是一个渐进的过程，不同港口城市功能关系的演变周期不同，不同发展规模的港口城市都存在各自的平衡状态。朱传耿等（2009）运用灰色关联分析法对 1990~2005 年连云港港口—淮海经济区关联发展效应进行定量研究，其研究显示，连云港港口—港城关联发展总体上呈上升趋势，并具有明显的阶段性；连云港港口与淮海经济区中的苏北、鲁南、皖北和豫东 4 个板块之间的关联度差异具有明显的地域差异，即皖北和豫东保持稳定、鲁南整体下降、苏北缓慢上升；连云港港口与淮海经济区一体化进程在关联发展总体趋势较强的基础上推进，但具有明显的弱化倾向。

此外，曹卫东（2012）以上海为例，综合运用空间基尼系数、GIS 空间统计与插值以及地理联系率三种研究方法，从中微观尺度刻画上海港口后勤区主要港航企业的区位特征以及空间关联。研究表明，现阶段上海港口后勤区港航企业以广域（市域）分布为主，总体呈现明显的空间聚集特征；不同类型港航企业的区位选择具有明显的差异性，港航企业多以中心城区为核心、沿黄浦江空间集聚明显，而无船承运企业则呈现大分散小集聚布局；港航企业区位选择与制造业具有空间可分性，而国际集装箱运输企业地域依赖性明显。梁双波等（2013a）以上海港口物流企业数据为基础，运用 GIS 空间分析、数理统计等方法，探讨港口物流企业空间格局及演化规律，并对其关键影响因素进行分析。研究表明，20 世纪 90 年代中期以来，上海港口物流企业空间格局总体呈集聚化和郊区化特征，中心城区仍是港口物流企业集聚的主要区域，但企业所占比例呈下降态势，郊区企业所占比例则不断上升。不同类型港口物流企业空间分布差异明显，处于价值链低端的运输仓储型企业倾向于向郊区转移，处于价值链中高端的综合服务型企业仍主要布局在中心城区，但已显现出郊区化端倪。上海港口物流企业空间格局演化受到港口功能演变、综合交通网络建设、商务支撑条件、城市规划及发展政策等因素的综合影响。

总体看来，上述研究更多的是从港口码头设施及港口功能转变等角度对港口发展效应展开研究，如港城空间结构、港口发展直接（间接）效应等；将港口后勤区域作为港口（物流）功能的有机组成部分，如何从系统综合的角度探讨港口后勤区域发展的城市空间结构、经济、生态环境、土地综合利用响应等方面的研究相对薄弱。

1.3.6 结论与启示

综上分析，随着港口功能转变及其发展外部效应的凸显，港口后勤区域相关领域的研究受到众多领域学者的关注，港口后勤区域已经成为国内外港口地理研究的一个新趋向，但国内外不同学科的研究重点又表现出一定的差异性：①国外港口后勤区域研究始于 20 世纪 70 年代，相关研究比较活跃且相对深入，并已开始从整体角度对港口后勤区类型结构、功能布局等进行科学实证和规律总结；而国内的相关研究则刚刚起步，目前主要侧重于港口物流园区布局，理性实证和规律探讨相对薄弱。②港口后勤区域相关研究涉及工程学、地理学、管理学、经济学、生态学等众多门类，目前地理学，尤其是港口地理学主要从中宏观尺度对相关研究领域展开探讨，如物流园区选址和布局等。③无论是国外还是国内的研究，对港口后勤区域形成演化的深层机理研究均相对薄弱，从微观尺度研究港口陆域可达性以及将港口后勤区域作为内在要素的港口（物流）效率评价等相关研究较少。④港口后勤区域相关领域研究面临重要机遇。随着国家"扩内需、保增长、调结构、促发展"政策的实施，区域发展的物流需求不断上升，集装箱港口码头建设不断兴起，港口功能转型加快推进，集装箱箱源仍是各港竞争的重点，加之沿海港口城市受发展空间的限制，各类广域港口后勤区域（如内陆集装箱站点）将不断形成。鉴于此，港口后勤区域作为港口群职能空间组织优化的重要方式之一，其相关研究无疑具有明显的学术和实践意义。

1.4 研究思路与内容

1.4.1 研究思路

作为一个不断演化的复杂系统，港口后勤区域的发展受到内外部不同因素的影响。本书的研究目的就是分析各类港口后勤区域的形成演化过程及影响机制，评价港口后勤区域形成演化的各类效应，并从综合运输成本最小化的角度，探讨港口后勤区域区位优化。围绕上述科学问题，本书按以下思路展开。

一方面，在对国内外该领域相关研究成果进行梳理、归纳和总结的基础上，归纳演绎港口后勤区域形成演化的基本模式及影响机制，并以上海和南京港港口后勤区域为研究样本，对其演化的基本过程及阶段进行科学实证；同时运用多学科综合集成方法，分别从中、微观尺度对港口后勤区域空间效应展开分析。另一方面，在上述分析的基础上，运用 ArcView 最短路径分析模块，通过最小运输成本的测算，给出港口后勤区域最优区位，探讨各港口后勤区域区位选择方向。这不仅为港口地理学的深化提供新的理论和方法,又为港口物流发展及区域发展提供理性思维和决策依据。本书研究技术路线如图 1-1 所示。

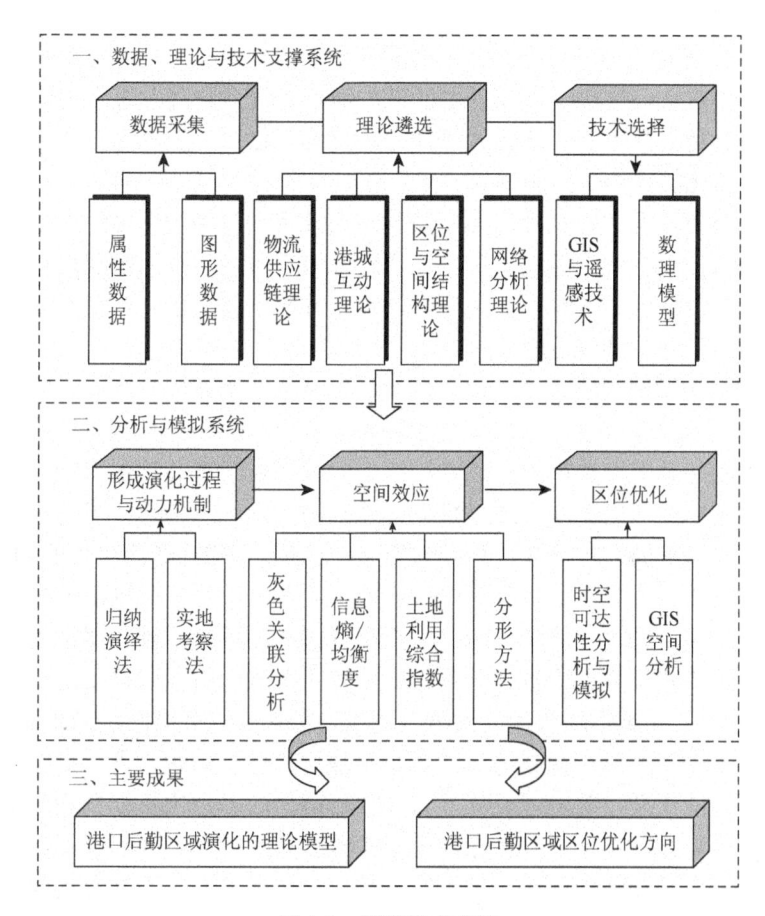

图 1-1 研究技术路线

1.4.2 研究内容

根据上述基本思路,本书共分为 7 章,其中第 1 章为绪论,第 2~6 章是本书研究的主体,第 7 章为结论和展望,各章研究的重点如下。

第 1 章绪论,主要介绍研究的依据、研究的理论及实践意义,并梳理了国内外该领域相关研究进展,把握该领域相关研究的前沿和热点,这为后续相关研究的开展提供了基本前提。

第 2 章重点从理论层面对港口后勤区域相关问题展开基础性探讨。通过界定港口后勤区域的基本内涵及影响机制,借鉴相关研究成果,通过对港口后勤区域总体空间结构、港口后勤区域与城市的关系、港口后勤区域主要职能以及相互间影响等主要特征的分析，归纳演绎了初步发育、非均衡拓展、非均衡快速扩张和高度分化四阶段港口后勤区域演化模式。

第 3 章围绕前述港口后勤区域发展的基本理论构架，分别以上海和南京港港口后勤区域为对象，探讨了港口后勤区域的演化过程及阶段；综合考虑港口功能演化、供应链功能及生产系统变迁等外在因素的变化，对上海和南京港港口后勤区域的基本演化趋势做了探讨。

第 4 章重点从企业的微观层面，综合运用核密度法和地理集中度指数方法，分析上海港口物流企业空间集散态势，通过分析其集聚热点，识别港口后勤区域的演化态势；以集装箱运输企业为对象，深入分析不同类型企业空间布局特征，进而识别不同类型的港口后勤区域。

第 5 章从中微观尺度讨论港口后勤区域发展的空间效应。考虑港口后勤区域空间效应发挥的主要方面，本书主要围绕以下四个方面展开具体分析：在合理界定研究范围的基础上，选用信息熵和均衡度公式分析了外高桥保税物流园区建设对周边土地利用结构的影响；通过构建土地利用程度动态指数，探讨了南京港港口后勤区域开发对周边土地综合利用的影响；借鉴城市空间结构分析的相关成果，选用分形方法（相关方法）通过对研究样本单元分形维数的计算，探讨了港口后勤区域周边建设用地空间结构问题；在全面分析港口后勤区域与城市关联模式的基础上，通过构建综合评价指标体系，运用灰色关联分析法测算了港口后勤区域（外高桥保税区）与港口城市关联发展的程度，并对其内外部影响因素做了分析。

第 6 章探讨了上海和南京港港口后勤区域区位选择问题。港口后勤区域合理布局对港口功能提升及其效应发挥具有重要影响，其区位选择受到物流运输成本和开发约束的综合影响。主要从综合运输成本的角度，运用 ArcView 网络分析模块，通过对港口后勤区域候选点到港区、港口后勤区域候选点到直接腹地以及港口后勤区域候选点到间接腹地的综合运输成本的测算，判别港口后勤区域开发的最优区位，结合对候选区位开发空间的综合分析，给出上海和南京港港口后勤区域区位选择的基本方向。

第 7 章总结了主要研究结论，指出本书的创新点及研究中存在的主要缺陷，明确了未来需要进一步深入分析的问题。

第2章 港口后勤区域的形成演化机理

随着以现代港口为核心的各种后勤服务活动的日益活跃，尤其是港口物流的日益扩大，与港口后勤服务相关的各类功能区正处在快速变化之中。由于各港口后勤区域空间分布、服务对象、功能演化等的差异性，其与城市、港口及区域经济发展的关系也表现出一定的差异性。相对于实践中快速推进的相关港口后勤区域建设而言，港口后勤区域相关发展理论探索相对滞后，特别是关于港口后勤区域演化机理的理论研究更少。

2.1 港口后勤区域内涵界定

港口后勤区域（port backup area）作为一个科学新概念，最初发端于20世纪70年代中期的欧美国家尤其是德国和荷兰，尽管迄今为止学术界对其表述尚未一致，但其基本内涵可以从以下三个视角加以考量（图2-1）。

从空间分布看，港口后勤区域可以划分为近域港口后勤区域（narrow backup area）和广域港口后勤区域（wide backup area）两种类型（Lee，2005）。其中，近域港口后勤区域是指与港口码头功能直接相关，位于港区、作业区内部或港口周边临近地区的相关功能区，主要包括港口码头堆场、仓库以及运输服务中心、物流中心、配送园区和自由贸易区等。广域港口后勤区域是指在港口直接腹地和间接腹地范围内，为港口提供服务的相关功能区，如离岸集装箱园区、内陆集装箱站点。

从服务对象看，港口后勤区域可以划分为两种类型：综合服务型港口后勤区域和专一服务型港口后勤区域。其中，综合服务型港口后勤区域主要指依托大型公用港区，特别是集装箱港区，为区域产业发展提供综合物流服务，如外高桥保税物流园区；专一服务型港口后勤区域则主要为某一临港产业基地提供相关物流服务，该种类型的相关港口（作业区）主要是货主码头，如南京江北化工物流基地、上海化学工业区物流基地、上海临港装备制造业物流基地等。

从功能演化看，港口后勤区域可以划分为传统港口后勤区域和现代港口后勤区域两种类型。其中，传统港口后勤区域作为港口（区）的有机组成部分，基本都是围绕港口（区）建设规划布局，这种类型的港口后勤区域以传统的运输服务功能为主，主要包括港口码头堆场、仓库等；现代港口后勤区域是围绕现代物流发展在港区或周边内陆腹地设立的与港口功能紧密相连的各类功能区，主要包括运输服务中心、物流中心、配送园区、离岸集装箱园区、内陆集装箱站点及保税区等。

上述从不同视角对港口后勤区域的划分只是相对的，现实中不同类型的港口后勤区域间的关系错综复杂，如随着现代技术在港口（区）的大规模运用，传统港口后勤区域（如仓库、码头堆场等）的运作效率不断提升，相关物流活动在港区内部逐步得到发展，整体呈现现代化的发展趋向。

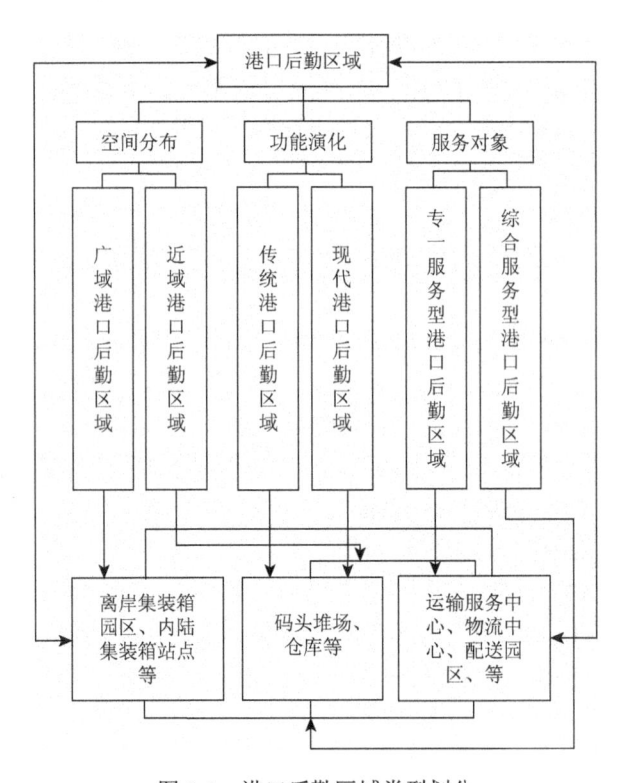

图 2-1　港口后勤区域类型划分

综上分析，港口后勤区域是指与主要港口区域空间上相对隔离、功能上联系紧密的相关物流区域，是相关行为主体围绕港口功能转变和现代物流发展，运用现代信息管理手段对其所从事活动进行调控、优化所形成的复合空间。其主要可以划分为近域港口后勤区域、广域港口后勤区域以及综合服务型港口后勤区域、专一服务型港口后勤区域、传统和现代港口后勤区域等几种类型。本书主要围绕近域、综合服务型的各类港口后勤区域展开分析，具体包括港口码头堆场、仓库以及运输服务中心、物流中心、配送园区、离岸集装箱园区及保税区。

2.2 港口后勤区域要素组成及发展特征

2.2.1 要素组成

港口后勤区域是由点状、线状、面状三种要素组成，具体包括实体空间、非物质空间及混合空间三部分。考虑相关行为主体（如物流企业）空间联系、职能联系以及不同功能区块间的联系，港口后勤区域的要素组成主要表现为以下几方面。

1. 点

任何港口后勤区域的形成均需要有一定范围的实体空间为载体，如各类基础设施、物流企业及各类功能区的建筑及配套空间等。围绕相关物流企业职能分化及港口后勤区域功能定位的差异，不同类型的港口后勤区域内部功能区块组合表现出一定的差异性。作为港口（区）的有机组成部分，传统港口后勤区域空间发展演化状况对整个港口后勤区域类型组合具有较为明显的影响与牵制。例如，受陆域发展空间的限制，香港、釜山等港口多采用在港口城市布局离岸式港口后勤区域，相对而言，中国、马来西亚等陆域腹地相对充足的港口则多采用在港口地区布局大规模的自由贸易区（Lee，2005）。

2. 线

港口后勤区域线状混合空间主要由三部分组成：一是围绕港口后勤区域布局的各类集疏运通道，包括铁路、水运、高速公路网络等，这是保障港口后勤区域与港区、港口后勤区域与腹地之间进行运输联系的重要载体；二是围绕港口运输形成的各层次航运网络，以航线、航班密度为主要表征，是港口后勤区域连通海外腹地的主要通道；三是港口后勤区域间、港口后勤区域内部各组成部分间、物流企业间的信息流、资金流等非物质线状空间。

3. 面

面是港口后勤区域和相关的港口物流企业通过集疏运网络、航运网络和经济信息联系通道所能联系的物流供给地及需求地的总和，港口后勤区域面状空间的形成是与港口区域化和供应链一体化过程紧密相关的。根据研究视角的不同，港口后勤区域所呈现的面状空间也可做进一步划分：经济空间，是围绕港口后勤区域的最大服务能力，腹地物流由此直接或间接运输所形成的最适宜的经济范围；社会空间，是港口物流企业与内陆腹地相关企业（如生产型、服务型物流企业）通过社会经济联系所形成的空间。

2.2.2 发展特征

围绕港口后勤区域要素之间的相互作用，其发展表现出明显的系统综合性，具体表现为整体性、层次性、开放性、非均衡性、动态性等特征。

1. 整体性

港口后勤区域是由点、线、面组合而成的有机体，某一要素的发展变化势必对整个要素功能组合产生影响，进而引起港口后勤区域变化。此外，随着交通运输系统的转型发展和物流网络的建设，港口后勤区域的发展与整个供应链密切相关，不同层面外力的影响变化都会引起其他构成变化。

2. 层次性

港口后勤区域发展的层次性主要表现在两个层面：其一是港口后勤区域内部不同功能区之间的行政职能联系；其二是相关行为主体（港口物流企业）的空间组织网络，特别是围绕其职能分工而形成的产业链联系，如总公司—营业点—配送中心等（王成金，2008），这是直接影响港口后勤区域运行效率的重要因素。

3. 开放性

港口后勤区域的形成与发展不仅取决于内部要素间的相互作用，港口后勤区域与城市其他功能区之间（如居住、环境）也存在着各种物质、能量交换关系。其开放性还体现在它的有序运转需要大量的信息交流为前提，一类是系统内部的信息，它包含生产、调度、运行、运输工具、货运以及有关的规章、制度、政策、法规等；另一类为港口后勤区域与腹地间的信息交流，包括适箱货物的需求分布和数量情况、国家和地区的经济信息、国家的方针政策信息、市场信息、政策法律信息、特定技术信息等（荣朝和等，2001）。此外，作为港口功能的延伸，港口后勤区域的发展受到周边港口（体系）影响，具有明显的开放性。

4. 非均衡性

港口后勤区域发展的开放性促使其发展必然处于非均衡状态下，主要体现在自然区位、社会、经济以及资源、信息获取等在时间、空间上的不均匀性。从空间的角度看,港口后勤区域的非均衡性是长期的相关行为主体(物流企业)空间活动和区位选择的积累结果,而集聚与扩散一直是这一过程中两类基本运动方式。港口后勤区域多场所(功能、类型差异)、多要素、多种运动组合方式的复杂运动,使其在空间上表现出非均衡性。从时间角度看,其非均衡性表现为动态性。

5. 动态性

港口后勤区域是社会生产力及社会交通运输需求发展到一定阶段的产物,其动态性主要表现为在非均衡有序状态中的迁移变化。港口后勤区域作为相关行为主体(物流企业)调控、优化的结果,相互间关系不仅复杂,而且随时间及情况不同有极大的易变性,与其他"系统"发生发展过程类似,其也不断发生着从量变到质变的矛盾运动,从而表现出一定的阶段性特征。

2.3 港口后勤区域形成演化的影响机制

港口后勤区域的发展受到内、外部因素的综合影响,其形成演化动力主要来自于全球、国家/区域以及城市三个层面(图 2-2)。

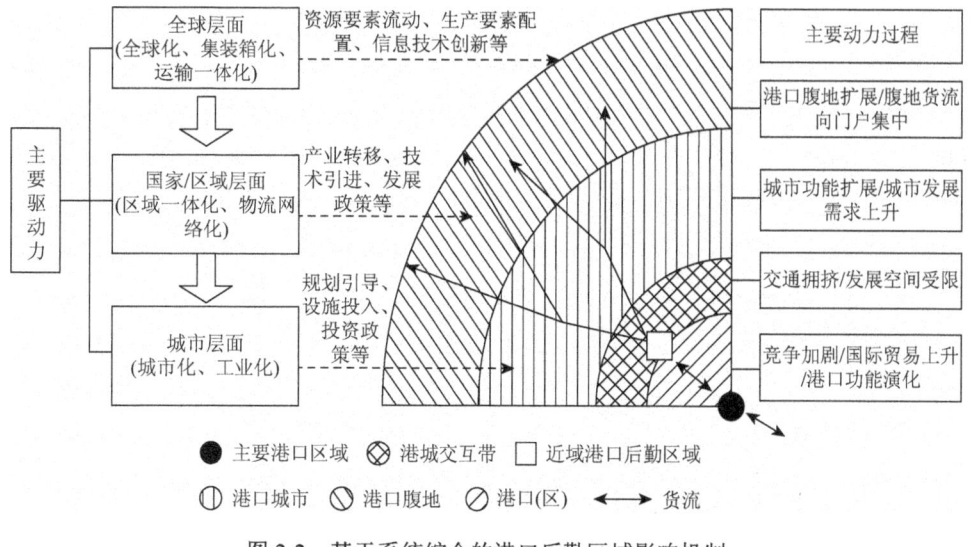

图 2-2 基于系统综合的港口后勤区域影响机制

2.3.1 全球供应链发展与港口功能演化

经济全球化带动了全球供应链网络的形成发展（Tsui-Auch，1999），货物运输柔性化与一体化趋势不断加强，货物运输的低运量、高频率及长运距等趋势逐步显现，货运模式发生显著变化，物流配送中心成为整个货流系统的核心组件等日益成为全球供应链发展的新表征（图 2-3）。在此背景下，港口特别是集装箱港口作为区域沟通世界的门户枢纽。物流服务功能已经成为现代港口功能演化的重要趋势；港口管理重点由成本理念逐步向利润理念、综合物流服务理念转变。围绕港口功能转变而衍生的装卸、仓储、运输以及货代、船代、港口运输服务、船舶修造等产业得到较快发展，相关港口物流（服务）企业在港区周边或腹地内综合交通便利的区域逐步集聚，形成各类港口后勤区域发展的初步框架。

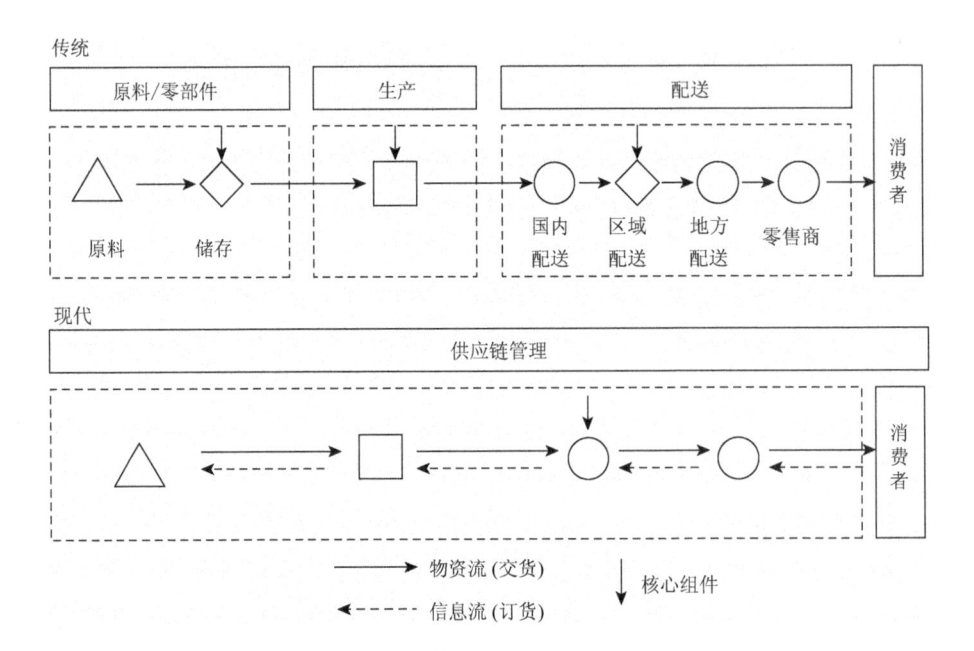

图 2-3 传统、现代货流组织结构（Tsui-Auch，1999）

2.3.2 外部规模经济与企业合作推动

对外部规模经济的追求是港口后勤区域开发建设的根本驱动力。从港口经济发展看,随着集装箱技术的推广和各级航运网络的完善,港口运营本身的物流运作成本节省已经难有较大的提升空间。港口作为综合物流供应链的重要节点,如何协调其与内陆相关物流设施的优化布局,合理布局装卸、仓储、分拨转运等物流功能区块,成为港口经营者、班轮公司降低物流成本的重要拓展方向,使内陆相关物流运输节点(企业)参与全球航运联盟成为可能。从企业发展的角度看,随着全球化和信息技术的发展,企业发展逐步由追求个体利益最大化向追求整体利益最大化转变,相关企业间的分工合作不断推进,企业的物流、技术流、信息流等呈现明显的分离态势(贾若祥等,2006),这加速了第三方物流的培育发展。

2.3.3 区域综合交通网络布局与资源禀赋

区域综合交通网络布局是影响综合运输成本的重要因素,是腹地综合物流网络发展的重要载体。综合交通路网一方面扩展了港口腹地范围,提升了港口(城市)作为优势交通区位的发展潜势(金凤君等,2008),实现了港口对更大范围腹地资源的优化配置;另一方面,大区域骨干交通网络的完善对临近港口物流的发展也会起到一定的促进作用,相邻港口间的物流竞争在一定程度上会呈现加剧的态势,如总体上沿海港群竞争优势不断凸显,沿内河港群则相反(梁双波等,2008)。在此背景下,具有良好资源禀赋(如具备深水岸线资源、港口陆域条件、淡水资源等)的港口将获得进一步提升。完善的区域综合交通网络和良好的资源禀赋(配置)所产生的综合竞争优势间接推动了各类港口后勤区域的形成。

2.3.4 城市发展需求与发展政策导向

随着港口城市工业化、城市化进程的推进,区域发展运输需求增加,相关物流设施建设得到快速发展,但受交通堵塞、地价上涨、环境等因素的影响,大型物流园区(中心)布局呈现新趋向:大型公共物流枢纽布局更多地考虑资源、环境等问题,以实现整体社会效益最大化(Taniguchi et al., 1999)。在此过程中,港口,特别是集装箱港口作为区域重要的大型公共物流配置载体日益受到重视,各地通过制定以港兴市、发展临港产业、港区联动等政策加快与港口相关联的各种功能区发展,强化规划引导,积极吸引相关物流企业、港航企业向特定功能区块集中,不断加快各类现代港口后勤区域发展。

2.4 港口后勤区域的演化模式

港口后勤区域演化涉及内、外部众多因素。本书主要从区位、功能、规模等港口后勤区域内部因素及港城系统、港口后勤区域的时空效应（图2-4）等外部因素的综合视角，结合港口功能演化来归纳演绎港口后勤区域基本演化过程及模式。综合来看，港口后勤区域的形成演化可初步划分为以下四个阶段（图2-5）。

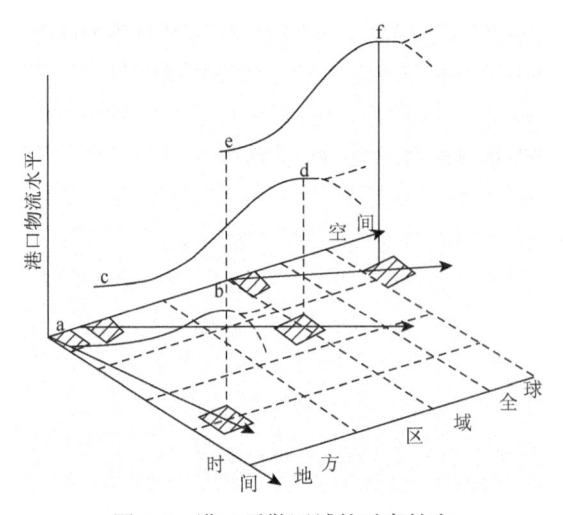

图 2-4 港口后勤区域的时空效应

a，b，c代表地方性港口物流发展水平；d，e代表区域性港口物流发展水平；f代表全球性港口物流发展水平

2.4.1 初步发育阶段

该阶段经历了漫长的历史时期。区域经济发展初期，受生产力水平的限制，滨河（江）等优势区位逐步涌现出一批港口码头设施；但各地因彼此间客货交流障碍比较大，港口数量小并且呈现出孤立分散、无等级状态，港口发展效应处于较低水平。随着腹地矿产资源、农副产品开发、原料型货物的增长及港口城市的发展，货物吞吐量加大，特别是随着生产力水平的提升，港口设施建设逐步由自然和半自然状态向现代港口过渡，码头堆场、仓库等的出现标志着传统港口后勤区域的形成。总之，此阶段港口后勤区域发展处于初步发育之中，属于传统型港口后勤区域，其系统发展特征主要表现为以下几点。

（1）港口后勤区域作为港口基础设施逐步成为港区的有机组成部分，其总体空间结构呈低级均衡分布状态（图2-5，T_1）。

（2）港口后勤区域对城市的影响强度较弱（图2-4，a），两者之间的空间关系呈低级稳定的状态。

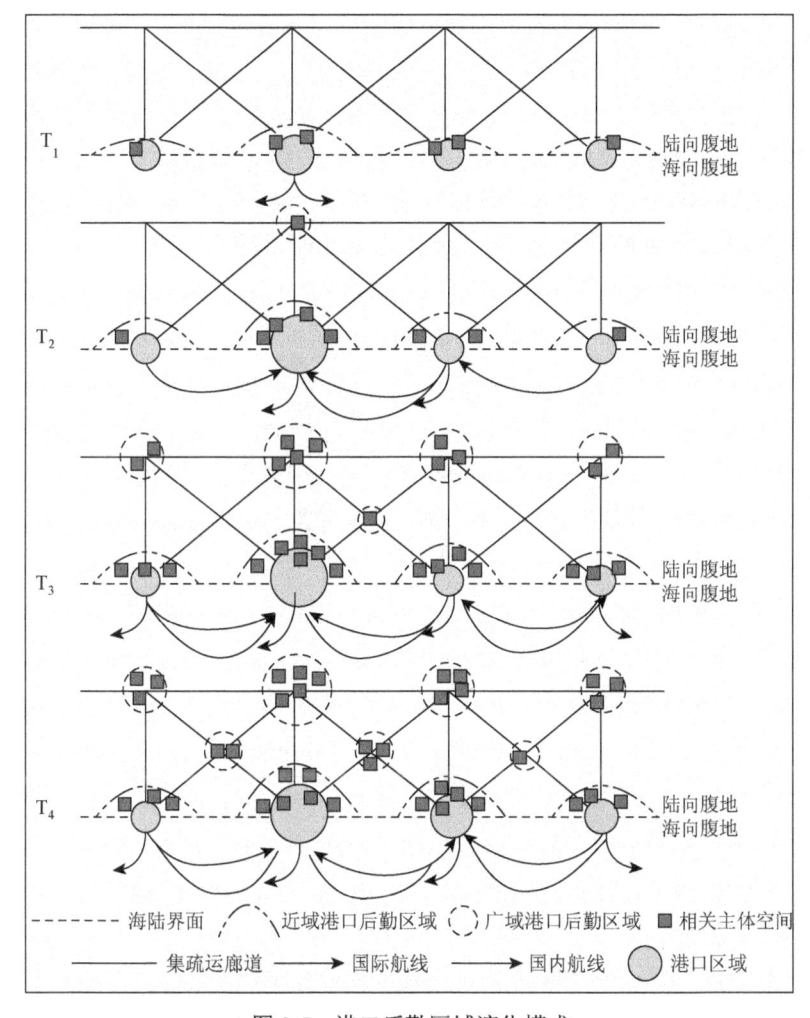

图 2-5 港口后勤区域演化模式

（3）港口后勤区域以物资仓储、中转运输功能为主，货种构成相对单一，以原料型货物及初级工业品为主。港口物流企业以运输型企业为主，主要集聚在港区周边。

（4）港口后勤区域之间相互影响尚不明显。

2.4.2 非均衡拓展阶段

随着生产力水平的提升，围绕港口的腹地运输网络逐步完善（公路、铁路）；城市产业活动首先以与生活服务有关的第二产业为主，主导经济部门一般是食品、纺织及船舶修理等，此后逐渐转为以炼油、石化、钢铁和造船等与港口区位密切相关的大运量、大耗水工业，腹地运输需求不断上升，大宗散货、件杂货运输急剧增长，码头堆场、仓储等传统港口后勤区域规模不断加大；港口空间布局已经扩展到港口毗邻地区，整个港城系统空间结构呈不稳定状态；加之运输技术的进步，一些具有区位优势和综合发展实力的港口因率先应用集装箱等新技术而得到快速发展；围绕腹地集装箱货源的运输需求，优势港口内陆集装箱站点初步设立，围绕内陆集装箱站点的物流功能区初步形成（图 2-6）。总之，在此阶段传统港口后勤区域不断发展并日臻完善，优势港口的现代港口后勤区域初具雏形，其系统发展特征可归纳为以下几方面。

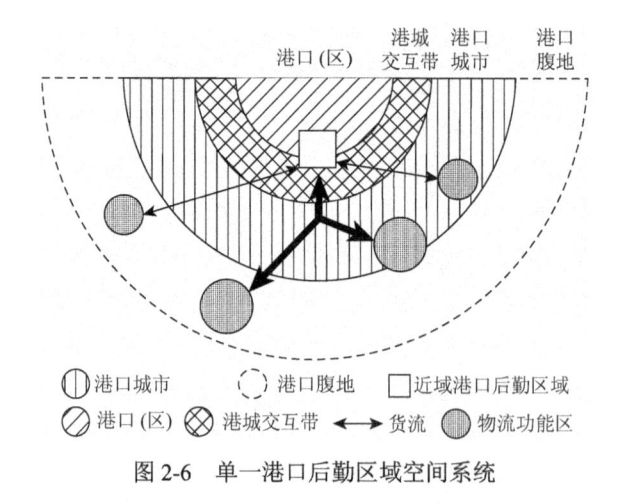

图 2-6　单一港口后勤区域空间系统

（1）港口码头堆场、仓库等传统港口后勤区域规模不断扩大，现代港口后勤区域初步形成，其总体空间结构呈非均衡拓展状态（图 2-5，T_2）。

（2）港口后勤区域对城市的影响不断加强（图 2-4，c），两者之间的空间关系呈相对不稳定状态。

（3）港口后勤区域以流通加工、包装等物流基本职能为主，货种结构日趋复杂，工业制成品比重明显上升；港口物流企业在港区周边进一步集聚，物流功能进一步强化，并开始在城市内部商务支撑条件完善的地区集中。

（4）港口后勤区域之间的相互影响开始出现。

2.4.3　非均衡快速扩张阶段

随着工业化进程的推进和集装箱技术的全面推广，港口运输的集装箱化趋势不断强化，港口功能日益多元化（图 2-7）；在大容量、高速度综合运输通道形成和完善的背景下，港口城市与较远地区的运输联系更加便利，港口（城市）通过各种经济网络以多种扩散方式对更远的陆向、海向腹地施加影响；港城相对位置进一步分离，内陆相关功能区成为集装箱港口、航运公司业务拓展的重要领域，各种广域港口后勤区域得到发展。与前两个阶段相比，该阶段的系统发展特征主要表现为以下几方面。

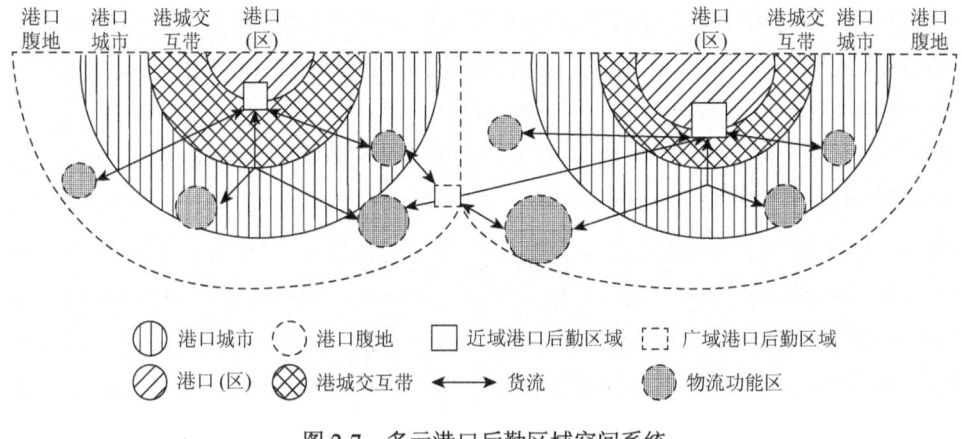

图 2-7 多元港口后勤区域空间系统

（1）不同类型的港口后勤区域快速发展，集装箱港口后方陆域范围不断扩大，其总体空间结构呈非均衡快速扩张态势（图 2-5，T_3）。

（2）港口后勤区域对城市影响较强（图 2-4，e），两者之间的空间关系呈不稳定状态。

（3）港口后勤区域以流通加工、包装、仓储等物流基本职能为主，物流信息服务不断加强，货种结构复杂，以工业制品为主。中高端的航运物流企业得到发展并在港口后勤区域不断集聚。

（4）港口后勤区域之间的相互影响渐趋明显。

2.4.4 高度分化阶段

全球化背景下的市场分工和产业转移等因素使得国际供应链日趋复杂化，区域一体化、物流网络化等的发展使港口发展突破原有腹地概念，港口发展更多地取决于其所依托的经济区域实力水平（Notteboom and Coeck，2005）。此阶段港口服务增值功能明显，现代化的高速交通成为主要的集疏运方式，政策环境、服务质量等软要素成为影响和制约港口后勤区域发展的重要因素，而物流网络的柔性化则使腹地运输需求在选择港口目的地时具有更多的可替代性。在此背景下，港口后勤区域在一些次优区位上得到开发，并与原有港口后勤区域区相互对接，进而形成新的港口后勤区域体系，整个系统空间进入高度分化状态。与前三个发展阶段相比，该阶段的港口后勤区域系统发展特征主要表现为以下几个方面。

(1) 总体空间结构呈高度分化状态（图 2-5，T₄）。

(2) 港口后勤区域对城市影响进一步加强且达到相当程度（图 2-4，b，d，f），两者之间的空间关系渐趋稳定。

(3) 港口后勤区域各项物流功能日益完善，货种结构以件杂适箱货为主。航运物流企业空间分异加快，港口后勤区域航运物流企业根据价值链/产业链分工呈现出明显的地域差异。

(4) 港口后勤区域间的功能联系紧密，相互间影响更加明显。

各阶段特征归纳见表 2-1。

表 2-1 港口后勤区域形成演化

项目		影响机制	空间结构	与城市关系	主要职能	相互影响
港口后勤区域演化阶段	阶段一	生产力水平低下，以内河水运为主	低级均衡分布状态	影响较弱，低级稳定的状态	以物资仓储、中转运输功能为主	尚不明显
	阶段二	集装箱技术初步运用，运输需求上升	非均衡拓展状态	影响加强，相对不稳定状态	以流通加工、包装等物流基本职能为主	初显
	阶段三	物流网络化、供应链一体化	非均衡快速扩张态势	影响较强，呈不稳定状态	物流信息服务加强	渐趋明显
	阶段四	物流网络柔性化、信息化	高度分化状态	影响达到相当程度，渐趋稳定	港口后勤综合功能不断完善	更加明显，功能联系紧密

2.5 小　　结

随着港口物流发展的日益扩大，与港口后勤服务相关的各类功能区正处在快速变化之中。本章在对港口后勤区域基本内涵界定的基础上，从不同层面探讨了港口后勤区域形成演化的影响机制，归纳演绎了港口后勤区域四阶段演化模式。

(1) 港口后勤区域是指与主要港口区域空间相对隔离、功能上联系紧密的相关物流区域。按照研究视角的不同，港口后勤区域主要可划分为近域港口后勤区域、广域港口后勤区域以及综合服务型港口后勤区域、专一服务型港口后勤区域、传统和现代港口后勤区域等几种类型。

(2) 港口后勤区域的演化受到全球、国家/地区及城市三个层面外力的影响，并通过要素、资源流动、产业转移及政策等对港口后勤区域的发展产生具体影响。在不同的演化阶段，各种推动力作用的强度、方式等组合各不相同，并表现出一定的阶段性特征，但全球供应链发展与港口功能演化、外部规模经济与企业合作推动、区域交通网络布局与资源禀赋以及城市发展需求与发展政策导向始终是各阶段港口后勤区域演化的重要驱动力。

（3）综合考虑港口后勤区域区位、功能、规模以及港口后勤区域发展效应等因素，港口后勤区域的演化过程可划分为初步发育、非均衡拓展、非均衡快速扩张和高度分化四个阶段，每一阶段的发展均表现出明显的系统特征。

第3章 上海和南京港港口后勤区域的形成演化过程

港口后勤区域作为一个开放的复杂系统，其演化始终处于复杂多变的外部环境中。但由于各外部要素影响的时空差异性，加之区域（城市）发展阶段的差异性，不同区位、功能的港口后勤区域演化进程不尽一致。上海和南京两港作为最大的海港和最大的内河港，港口后勤区域发展具有明显的典型性，对其港口后勤区域演化进程及基本规律进行探讨，无论对验证前述理论假说还是对促进港口后勤区域建设，均具有重要的理论和现实指导意义。

3.1 港口后勤区域起源及萌芽阶段

根据港口后勤区域发育形态及社会经济发展阶段的差异，上海和南京港港口后勤区域的初步发育阶段可进一步划分为起源期和萌芽期两个时期，各时期发展又表现出一定的阶段性特征，具体如下。

3.1.1 港口后勤区域的起源期

该阶段经历漫长的历史时期，基本上延续到1840年前，港口货物吞吐能力、集疏运网络、港口与周边区域物资交流强度等均处于低级水平，其主要特征如下。

1. 仓栈是港口后勤区域发展的原始形态

受生产力发展阶段和社会经济发展状况的限制，此阶段上海和南京两港的港口功能以货物中转运输为主，码头均零散偏小，仓栈是港口后勤区域发展的原始形态。

该阶段上海港口设施处于半自然状态，踏步式码头与黄浦江坡岸错杂在一起，仓栈多与店铺合而为一。上海港区位发生明显变化：最初位于吴淞江支流的华亭镇（今松江城）及吴淞江入海口的青龙镇（今青浦城东北的旧青浦）；南宋中后期，因吴淞江淤浅，江湾、黄姚一度成为海船停泊区；咸淳元年（1265年）前后上海港遂取代华亭镇港和青龙镇港而成为上海地区的主要贸易港口，完成了由内河港向河口海港的转变；元及明初上海浦被大黄浦淹没，港区立基于黄浦；明永乐二年黄浦江形成，港区位置在黄浦江西岸十六铺至南码头一带（图3-1）。

元代漕粮海运兴起后，上海成为糟米集疏中心，元二十年至天历二年（1329年）

海运漕粮达 8300 万石[①]；元末明初，为便于漕粮转运，码头仓库已在上海出现，先后在乌泥泾建有太平仓，在小南门外的薛家浜建有上海仓。鸦片战争爆发前，上海已形成 10 多个踏步式石砌码头，岸上筑有一批石砌仓库，年货物吞吐量近 200 万 t[②]。

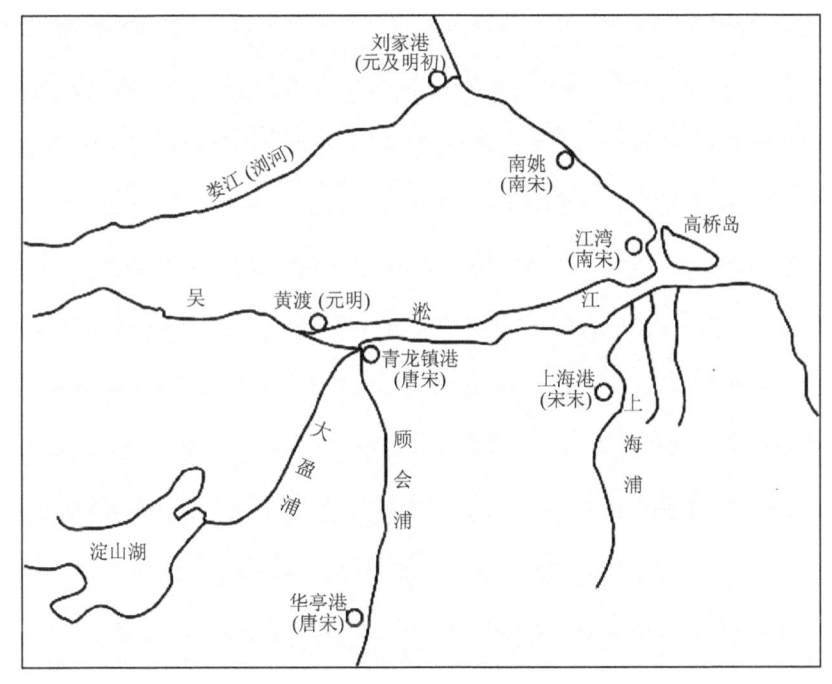

图 3-1　上海港口区位演化

南京港口发展的古代部分，港口码头设施比较简单，多属于原始的岸壁式和踏步式码头。港口区位也发生显著变化，六朝时的南京货运码头主要分布在淮水中下游，分布有长干里、横塘和石头津（图 3-2）；南唐后，随着河道的变迁，港口重心向长江转移；至明代，上新河、下关已成为南京重要的码头区。

随着南京港所依托城市的政治、经济和军事地位的变化，南京港发展也表现出一定的阶段性。但总体看来，南京港随着社会的发展而不断发展，特别是随着漕粮和绢、布、丝、棉等各种官物大宗物资的转运需求，南京港在江南乃至全国漕粮、贡物运输中的地位得以维持，各种仓栈得到快速发展。其中为了便于漕粮运输，从东吴开始就已凿渠通漕，至六朝时，已建有相当规模的粮仓，如依托石头津和横塘（南塘），配套建有龙首仓和南塘仓，其中龙首仓、台城南仓、南塘仓、常平仓、东西太仓以及东宫仓的储量规模已达到 50 余万石[③]；隋唐后，南粮北调成

---

① 1 石=100L。
② 《上海通志》交通运输卷（上）。
③ 《隋书·食货》，24 卷；《南京港史》。

为各朝各代的国策,南京港逐步成为粮食转运港,绍兴二十六年(1156年),建康建丰储仓以备战乱、灾荒之需,淳熙六年(1179年)又设立转搬仓,此外还建有广济仓、广储仓、平止仓、大军仓等粮仓数百座,港口粮食吞吐十分繁忙[①];至元代,为便于漕粮的江海中转,先后设立广运仓和大军仓,其中广运仓已达到40座、200余间;明初为了配合港口粮食转运,先后建有羽林右卫仓、骁骑右卫仓、常平仓、预备仓、留守后仓[②],此外还建有大锦衣仓、小锦衣仓、平仓[③](图3-3);清初,为了发给运军盘费和生活费,先后在南京设立江宁仓、虎贲仓等。

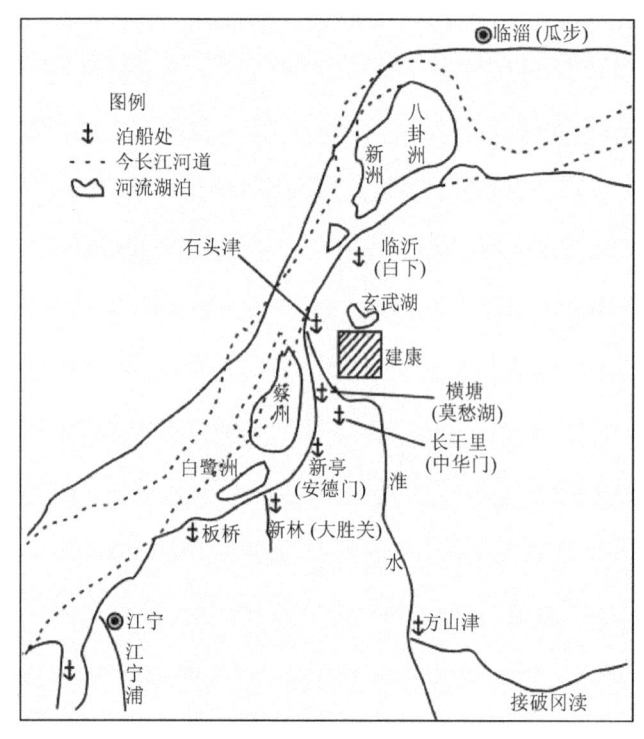

图 3-2　六朝时期南京港口布局
资料来源:据《中国历史地图集》改绘

2. 港口后勤区域间相互影响尚未显现

受生产力发展水平的限制,该阶段港口码头设施基本处于半自然状态,规模很小,其集疏运方式以内河水运为主,港口后勤区域(仓栈)均处于内河航运相对优势区位。受政治、军事、漕粮(米)转运、政策(如清初禁海)乃至航道变迁等的影响,加之

---

① 《(景定)建康志·城厥·诸仓》,23卷;《南京港史》。
② 《(正德)江宁县志》上;《南京港史》。
③ 《(道光)上元县志》,3卷;《南京港史》。

陆上交通发育的不完善，港口发展及仓栈布局表现出明显的时空差异性，原始港口后勤区域（仓栈）间呈现出零散、孤立状态，港口后勤区域间相互影响尚未出现。

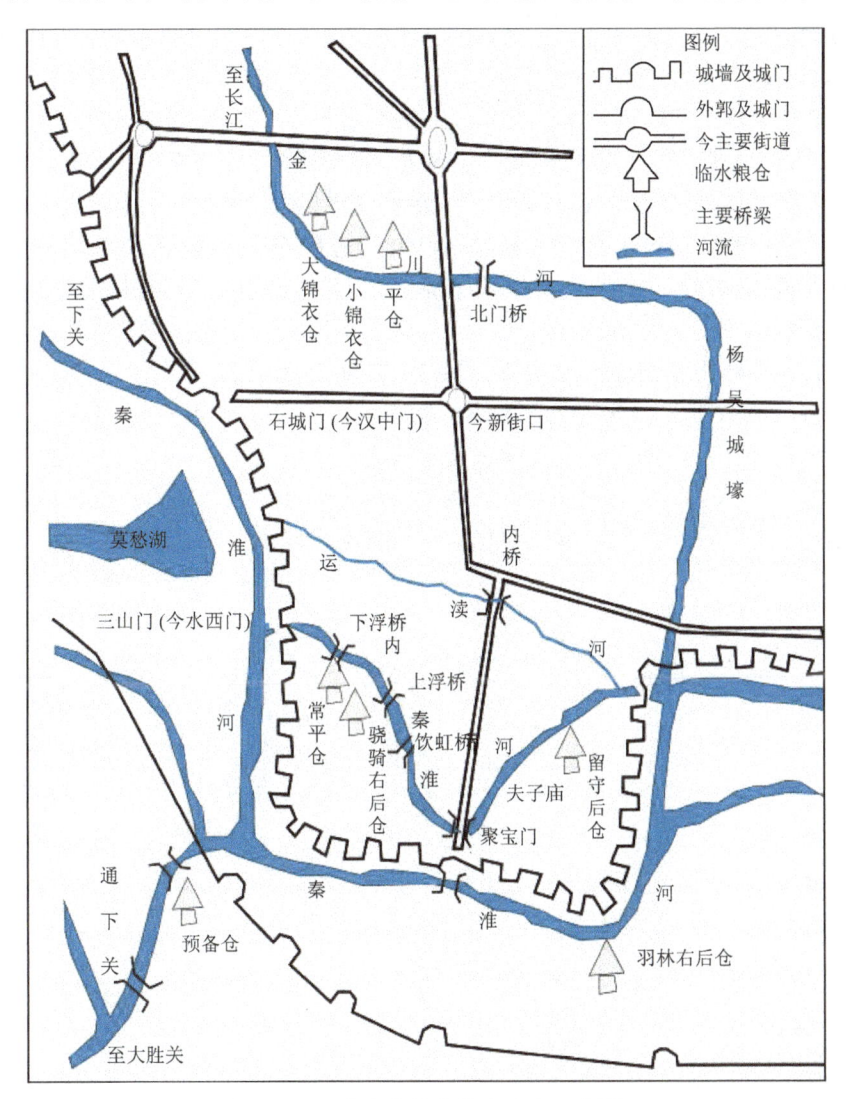

图 3-3　明代南京临水粮仓分布示意图

资料来源：据《南京港史》改绘

3.1.2　港口后勤区域的萌芽期

该阶段自 1840～1949 年，是上海和南京港港口发展的近代部分，受体制、经济等发展差异的影响，上海和南京港港口后勤区域的发展呈一定的差异性，其主要发展特征如下。

1. 传统港口后勤区域逐步形成

　　1843年后，上海沿黄浦江、苏州河开始出现由个别工商企业设置的仓库场地，堆存港口货物，但内河港口的仓储堆存业务发展缓慢；港区从南市沿黄浦江上下扩展，中心位置从南市移至外滩（图3-4）。至清同治初年，十六铺由北向南依次有会馆码头、老太平码头、杨家渡码头、盐码头、洪昇码头、萃丰码头、洞庭山码头、德泰码头等20余座码头。至1949年，上海内河港口除一些沿江、沿河较大的工商企业略有生产物资在自备的库房场地堆存外，专业的交通运输单位几乎没有任何仓储堆存业务；沿海港口自19世纪60年代后，港口后方已逐渐开辟堆场仓库，至1948年已达到相当规模（表3-1）。例如，至1866年浦东已有立德成货栈、广隆码头、李百里栈、瑞祥栈等11座码头仓库，1867~1906年增至27座[①]。

　　鸦片战争后的长达40多年时间里，南京港逐步完成向现代港口的转变，但直到津浦铁路通车后，浦口码头开始大规模兴建仓库，至1914年浦口共建码头10座，仓库12座[②]。以港口码头仓库堆场的出现为标志，传统港口后勤区域开始形成，这对于整个港口后勤区域的演化具有重要意义。

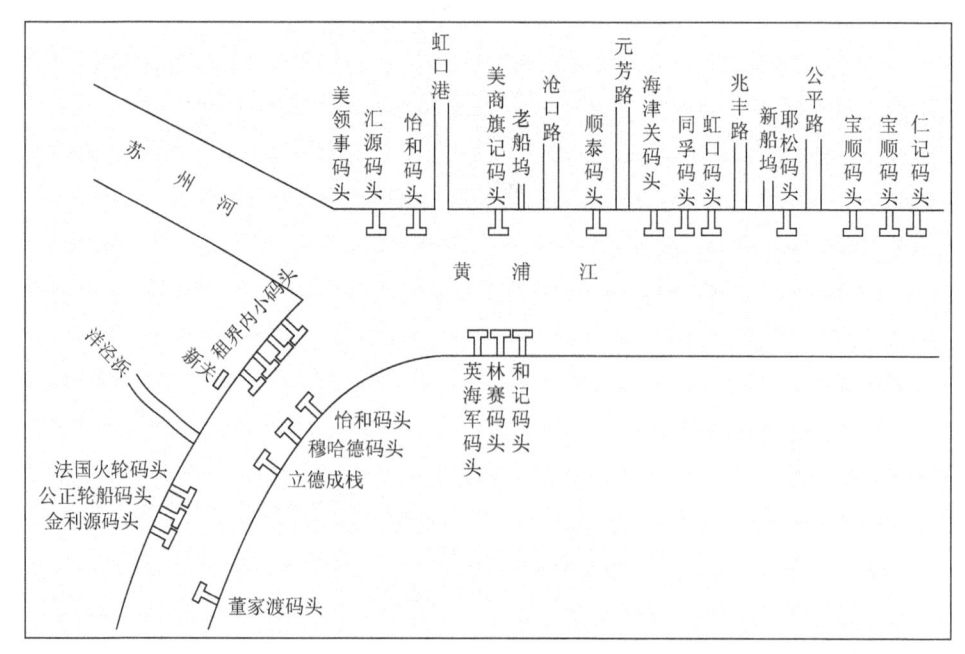

图3-4　1870年上海港码头布局

资料来源：《上海港志》

[①] 《中国百年经济拼图：港口城市及其腹地与中国现代化》。

[②] 《南京港史》。

表 3-1 1948 年上海港主要码头仓库分类表

国别	仓库数量/栋	仓库面积/ft²[①]
中国	271	3 620 883
英国	192	3 552 119
美国	34	490 226
其他	5	93 039
合计	502	7 756 267

资料来源：赵曾珏，1948

2. 港口后勤区域间相互影响初显

作为港口码头设施的有机组成部分，该阶段港口后勤区域的发展与港口（体系）发展密切相关。从区域层面来看，该阶段港口间的相互竞争机制已初显端倪（曹有挥，1999）。例如，1931 年海州港（今连云港）开浚筑港，至 1933 年华北各省已多经陇海铁路由此出海，与南京港货源竞争出现[②]；从港口内部不同港口后勤区域的发展情况来看，该阶段的竞争主要表现在国内航运企业与国外列强航运企业间以及列强内部航运企业间的竞争。考虑在相同生产力发展水平下，港口码头占用岸线长度是不同港口码头（后勤区域）竞争实力的重要表征，通过对上海 1920 年、1937 年黄浦江两岸码头岸线利用情况的分析可以发现（表 3-2），在此阶段尽管中国码头占用岸线长度增长 41.8%，但英国、日本、美国的占用增长率分别达到 7%、43.1%和 67%，相关港口后勤区域间竞争初显。

表 3-2 1920 年、1937 年上海港口岸线利用分类 （单位：m）

国别	1920 年	1937 年
中国	2 444	3 465.4
英国	3 494	3 739.7
日本	1 989	2 846.7
美国	533	890
总长	8 460	10 941.8

资料来源：据《上海港口大全》《上海港志》相关数据整理

3.2 港口后勤区域初步拓展阶段

自 1949 年以来，随着社会主义生产关系的确立，包括港口在内的各项设施建设得到快速推进，港口吞吐能力、吞吐量均有大幅度的提升，上海港区继续向长

---

① 1ft²=0.0929m²。

② 《南京港史》。

江口、杭州湾扩展，港口重心也逐渐向沿海转移；而随着石油转运和海轮大型化的影响，南京港区布局逐步向长江大桥以下发展（图3-5）。上海和南京传统港口后勤区域（港口码头堆场、仓库等）的发展规模得到快速发展。上海港库场总面积由1953年的164.6万m^2增长到1980年的176万m^2；南京围绕上元门、卸甲甸、板桥、栖霞山等厂矿的建设发展，先后新建、扩建一些相关码头。1960年，随着《关于港口规划建设与城市规划建设密切配合的联合指示》的出台，港口码头与城市（镇）建设布局受到重视，特别是随着全球集装箱运输事业的开展，港口后勤区域发展开始进入新阶段。与前一阶段发展特征相比，该时期港口后勤区域的发展特征主要表现为以下几个方面。

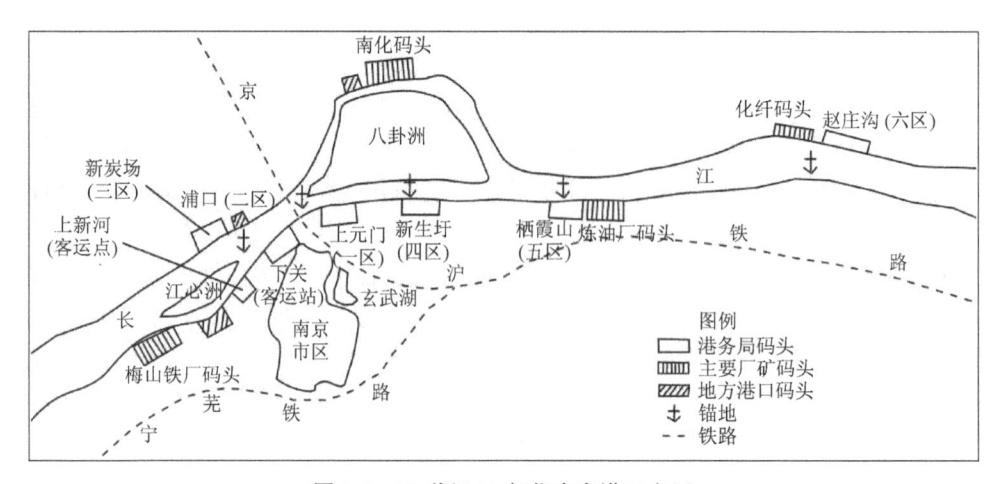

图 3-5 20 世纪 80 年代南京港口布局

资料来源：据《南京港史》改绘

3.2.1 现代港口后勤区域初步发展

随着集疏运网络的初步形成及上海和南京两港集装箱技术的应用，港口后勤区域发展进入新阶段。为适应多式联运的发展，上海先后将日晖港及张华浜港开辟为货物换装港，其中1957年的中转联运量已达到690.8万t，占全港吞吐量的比重达到41.9%，相当于1953年全港的总吞吐量（表3-3），其货种主要包括生活必需品、轻工产品、工业原料及制成品等[①]；以《江海联运试行办法》（1954年）和《江河联运、水路中转合同》（1956年）的出台为标志，南京港口后勤区域内陆拓展出现萌芽，南京港成为浙江江河中转及宁杭铁路水陆中转货物的换装点。

---

① 《上海铁路志》（运输生产篇）。

表 3-3 1952~1957 年上海港中转联运货运统计

年份	货运量/万 t	占吞吐量的比重/%
1952	127.2	22.7
1953	187.7	28.5
1954	335.8	33.2
1955	371.1	33.2
1956	582.5	44.9
1957	690.8	41.9

资料来源：金立成.《上海港史》（现代部分）

随着全球集装箱技术的应用和推广，上海和南京两港作为长江下游港口体系中具有明显区位优势和规模优势的港口，集装箱技术得以率先引进并初步应用，现代港口后勤区域开始出现，如围绕内陆铁路站点的相关集装箱处理站场等。20 世纪 70 年代初，上海港试行上海—大连航线集装箱运输，其后于 1976 年正式开辟长江港口内贸航线；结合水陆联运，1979 年由上海发箱至大连再转运至沈阳、长春、哈尔滨等地，共计运输集装箱 1516 箱。1973 年南京至南通间水运小型集装箱业务开始展开，集装箱到达浦口后，经重新拆箱组装后由铁路运到目的地[①]。

应该指出，此阶段现代港口后勤区域发展的主要动因有：一方面是航海技术推广的结果；另一方面主要是由于特定管理体制的作用。但由于受集装箱技术应用、水陆联运水平等方面的影响，此阶段现代港口后勤区域的发展仅仅处于萌芽阶段，相关功能区的规模、发展实力均处于较低水平。

3.2.2 港口后勤区域间相互影响开始初显

1949 年以后，随着长江下游沿岸各港口联系通道的逐渐完成，中转腹地对相关港口发展的影响日趋明显（曹有挥，1999）。作为该区域典型的大型港口，随着陆路特别是铁路运输网络的建设，上海和南京两港中转腹地重叠普遍，港口后勤区域相互间影响开始出现。在此阶段，同一地区（城市）不同港口（含后勤区域）之间的联系不断强化，但由于受计划经济体制的影响，相关运输作业均施行联合调度制度，上海和南京港口内部各后勤区域间的相互影响尚不明显。例如，1959

---

① 《南京港史》。

年上海主要港区和车站建立汽车运输联合调度站,就地受理托运,统一指挥和调度现场车辆、统一受理所在港、站进出物资的汽车运输托运;南京则于 1956 年成立浦口港区路港联合办公室对浦口二、三作业区的劳动力、场地、运输车辆等进行统一调度。

3.3 港口后勤区域快速扩张阶段

进入 20 世纪 80 年代以来,随着区域经济持续高速增长,港口集疏运网络及大区域运输通道逐渐建成并不断完善,集装箱运输技术得到全面推广,各类港口后勤区域得到快速发展。特别是随着"上海国际航运中心"战略的实施,上海作为枢纽中心港的地位得到确认,至 1998 年长三角主要集装箱港口与上海港的关联度已达到 55.77%,长三角 GDP 和实际利用外资额分别达到 162 654 443 万元和 1 179 192 万美元[①],快速增长的运输需求刺激了集装箱港口的迅猛发展,整个港口集装箱港口体系演化进入新阶段。但是,集装箱港口作为战略性重要资源受到各级政府的重视,加之受管理体制分割、地方发展需求等方面的影响,各地纷纷采取措施培育自身的中心港,相互间竞争仍比较激烈。与前两个阶段发展相比,该时期的港口后勤区域发展表现出较为明显的特征,主要表现为以下几个方面。

3.3.1 港口库场等传统港口后勤区域快速发展

随着区域发展需求的上升,港口货物吞吐量快速增长,港口码头设施建设全面推进,传统港口后勤区域得到进一步的发展。上海港口码头泊位、库场总面积分别由 1981 年的 96 个、191.9 万 m² 上升到 1994 年的 140 个和 268 万 m²[②],1990 年上海内河港口码头数量已达到 3694 个,库场总面积已高达 708.8 万 m²[③]。其中,1988 年张家浜集装箱装卸公司保税仓库投入使用,该仓库主要为外商提供堆货服务并为货主代办报关、转运、仓储、储存和保管等业务;1981 年南京港口码头泊位 157 个,库场总面积达到 16.59 万 m²,至 1994 年库场总面积达到 79.6 万 m²[②④],该阶段主要公用港区布局如图 3-6 所示。目前,上海港海港由黄浦江上游港区、黄浦江中游港区、黄浦江下游港区、宝山罗泾港区、外高桥港区、杭州湾港区、

---

① 据《中国城市统计年鉴》(1999)有关数据计算。
② 《上海统计年鉴》(2000)。
③ 《上海内河航运志》(上海内河航运志编撰委员会,1999)。
④ 《南京统计年鉴》(1981)。

洋山深水港区和崇明港区 8 个港区组成，拥有各类码头泊位 1155 个，其中万吨级以上生产泊位 133 个，设计年货物吞吐能力 3.73 亿 t。

随着沿江开发的推进，南京的港口码头布局主体进一步向龙潭转移，2003 年南京龙潭水道以下共布局码头泊位 44 个，码头总负荷 30.82 万 t，至 2008 年码头总负荷达到 39.77 万 t，码头泊位数达到 75 个，龙潭岸段正在成为传统港口后勤区域主要布局地（图 3-7，图 3-8）。

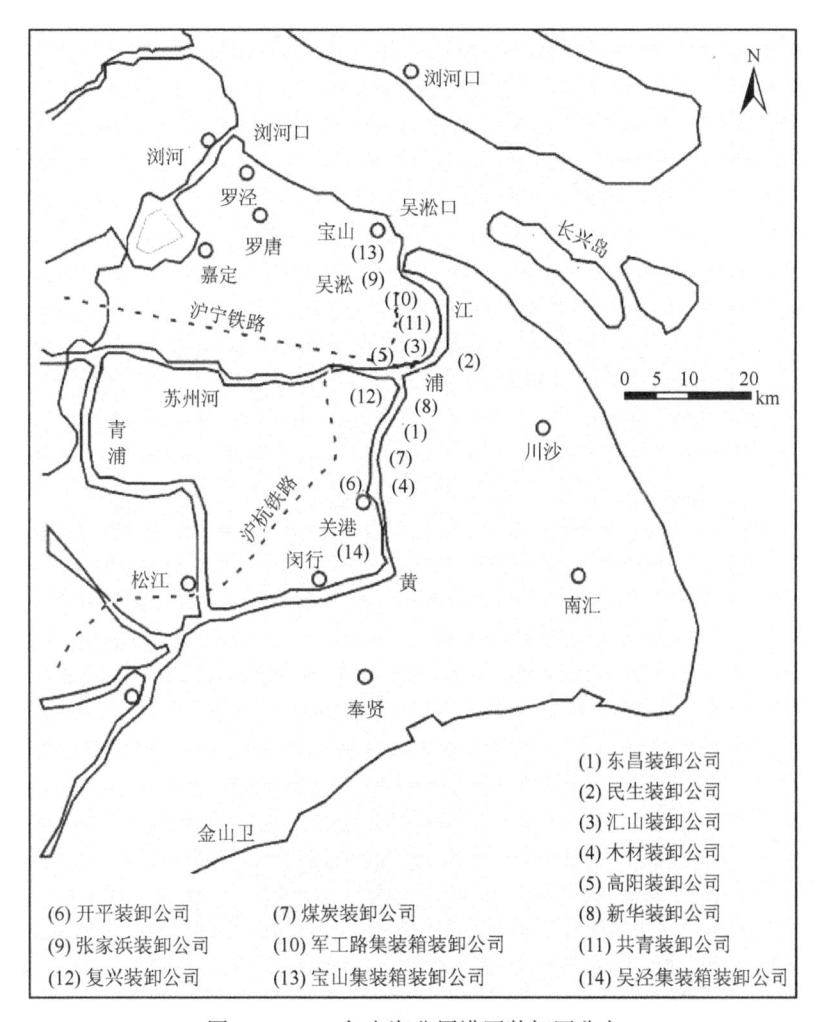

图 3-6 1992 年上海公用港区装卸区分布

资料来源：《上海港志》

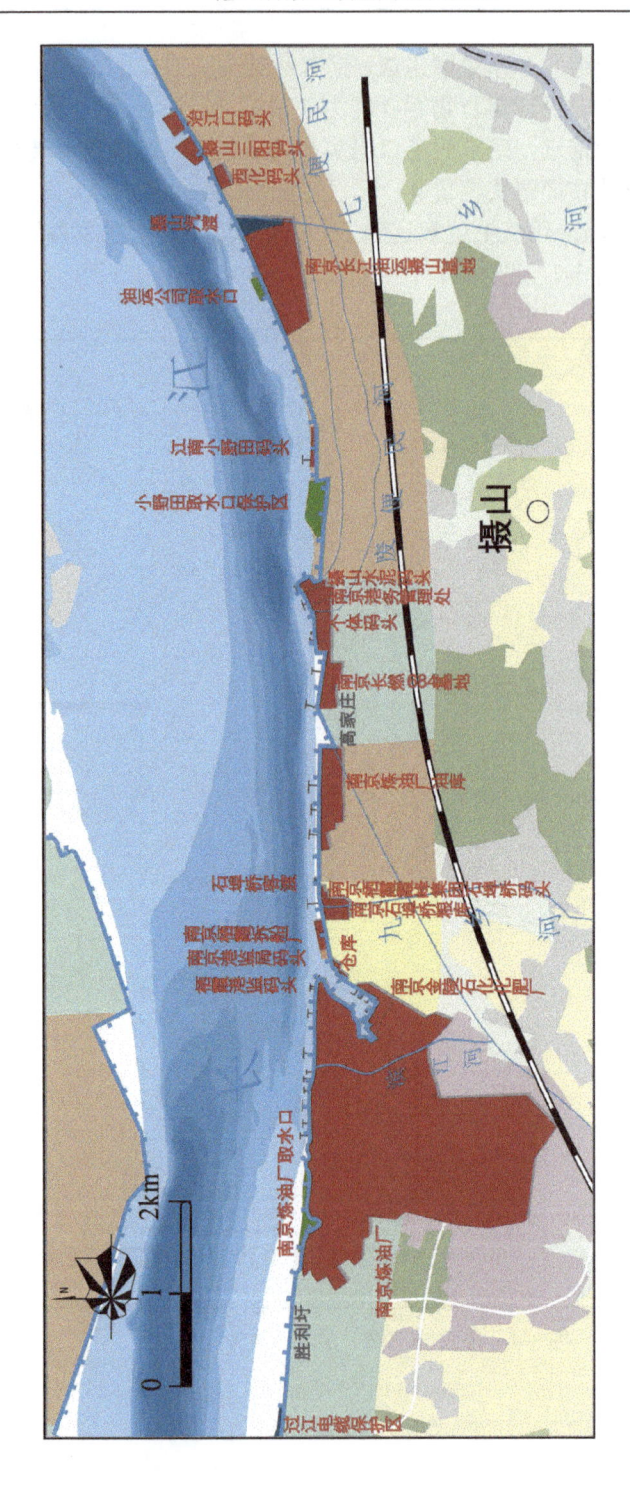

图 3-7　2003 年龙潭段港口码头布局

资料来源：《南京市长江岸线资源开发利用规划》，2003

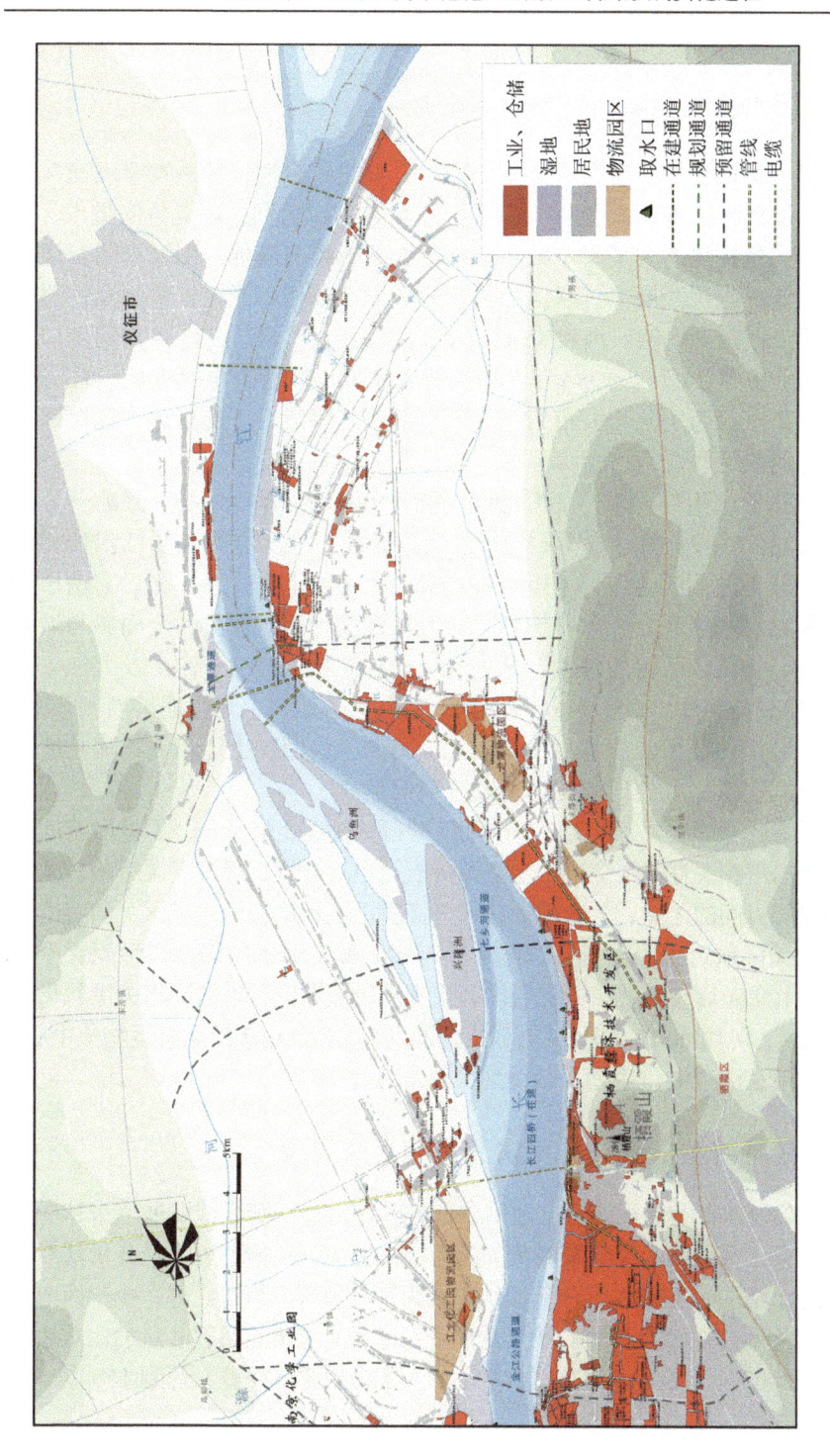

第 3 章　上海和南京港港口后勤区域的形成演化过程

图 3-8　2008 年龙潭港口码头布局
资料来源：南京海事局普查资料（2008）

3.3.2　各类现代及广域港口后勤区域形成

随着T型战略的实施，适箱货比重不断上升，集装箱港口体系发展迅速并进入扩散阶段（曹有挥，1999），集装箱箱源已成为各港口后勤区域竞争的重点。上海港作为具有竞争优势的大港口，为了获得更大的货源与腹地，围绕内陆货运需求及运力配置情况积极开展中转联运业务，先后建设苏州、无锡、常州及杭州、嘉兴水陆联运点；在苏、皖、浙设立44个江海联运网点，仅1985年内河港口就完成内河中转业务量24万t。1984年7月围绕长江联运联营公司的成立，以上海、南京、武汉、重庆等为十几个城市为主要节点的水陆联运、干支直达、江海联运等为主要内容的联运联营网络初步形成[①]。

20世纪90年代中期以来，上海港则围绕"上海国际航运中心"战略一方面加快港口物流园区建设；另一方面则施行"长江战略"，主要借助与长江沿线相关港口在资本、业务方面的合作，不断培育自身的"喂给港"体系，先后与南通、武汉、重庆和九江开展联合开发。例如，对九江港实行绝对控股，全面参与城西港区基础设施、物流园区等的建设，开通九江—外高桥、九江—洋山及九江—南昌3条航线，每月航班30多班，通过鄱阳湖及京九大通道将上海腹地扩展到赣中、北地区。这一方面保证了上海港集装箱货源；另一方面围绕上述相关物流功能区的快速发展，真正意义上的广域港口后勤区域已形成。

围绕公用港区功能演化，现代港口后勤区域得到快速发展且与公用港区空间布局表现出一定的正相关性。围绕推进上海国际航运中心建设、缓解区域运输需求快速增长与运输能力间的矛盾，上海规划建设外高桥港区和洋山深水港区；随着港口功能的转变及国际航运中心由货物国际运输与集散加工配送向综合资源配置中心的功能转变，上海先后设置外高桥保税区及深水港物流园区，以加快相关港航物流产业培育、集聚，现代港口后勤区域得到快速发展。随着"长江国际航运物流中心"的规划建设，南京沿江港口后勤区域得到快速发展。

3.3.3　区域经济对港口后勤区域演变影响日益显现

随着港口体制改革和区域综合交通网络的完善，港口后勤区域发展越来越受更大范围内的要素、资源以及经济发展状况的影响。例如，根据最短路径分析法对南京港口腹地的计算显示（图3-9），其腹地主要为南京市域、镇江西部、扬州西南部及淮安部分地区（图中斜线地区），上述地区箱源占南京港集装箱吞吐量的比重达到65%～70%[②]；2007年南京龙潭保税物流中心主要服务对象（企业）达到150家，其

[①] 《南京港史》。
[②] 南京口岸管理委员会.《建设"长江国际航运物流中心"规划方案》（2006）。

中南京地区企业85家，镇江、扬州地区企业15家，合肥、沿淮地区企业45家，港口后勤区域受区域经济发展的影响日益明显。据统计，2006年苏、浙两省通过陆路交通从上海港进出口集装箱总量达到842万TEU[①]，其占上海港陆路交通集疏运的比重达到50.7%，腹地经济对整个港口发展产生明显影响，进而带动港口后勤区域演变。

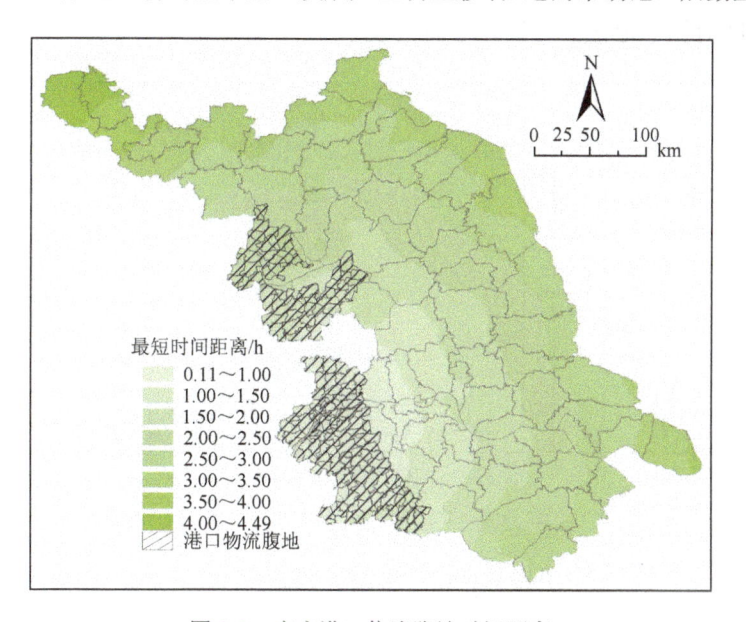

图3-9 南京港口物流腹地时间距离

3.3.4 港口后勤区域间相互影响普遍

此阶段随着一些铁路和高速公路的修建，区域之间的交通主骨架开始形成（图3-10）；城市内部各港区间集疏运网络也不断完善，港口后勤区域的集疏运线路选择具有多种可能。例如，1988年中国内地第一条高速公路——沪嘉（上海市区—嘉定）高速公路建成，至1990年末，上海已有公路3300.34km，其中高速公路36.38km，二级公路232.89km，三级公路1698.60km，四级公路1314.03km，等外公路18.44km[②]；沪杭铁路于1981年起采取扩能措施，并陆续增建梅陇等7个会让站[③]。至2006年两省一市铁路营运历程已达到3204km，内河航运历程36 224.62km，公路里程23 2674km，其中高速公路达到6318km，与1996年相比分别同比增加1259.9km、299.38km、167 210km和5777km[④]，综合交通网络进一

---
① 上海洋山港区集装箱集疏运资料摘要。
②《上海公路运输志》有关数据整理。
③《上海铁路志》。
④《中国统计年鉴》（1996，2007）。

步完善，港口相互间腹地重叠继续扩大。结合对长三角集装箱港口箱源偏移增长分析（梁双波等，2007），1998 年以来上海港一直处于相对劣势地位，宁波则始终处于相对优势地位，相互间影响明显；围绕广域港口后勤区域的发展，上海港参与建设九江城西港区，宁波则与上饶市、鹰潭市签署建设"无水港"合作备忘录，彼此间对赣中地区中转箱源竞争明显。

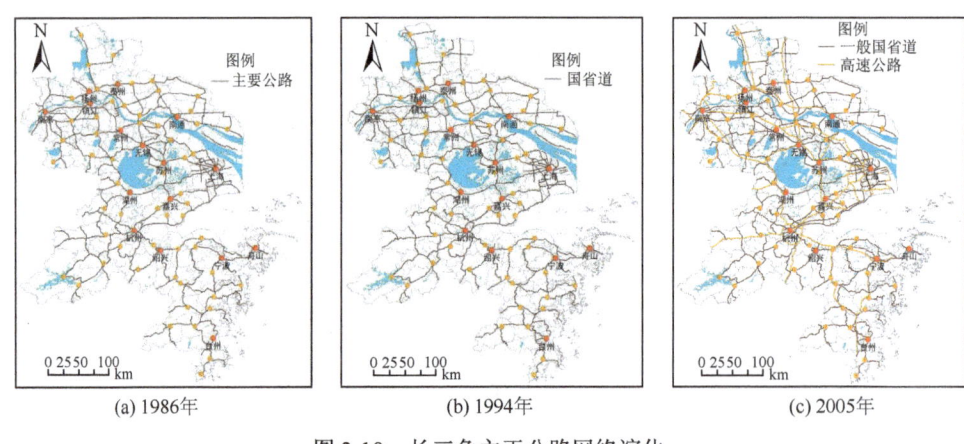

(a) 1986年　　(b) 1994年　　(c) 2005年

图 3-10　长三角主干公路网络演化

3.4　小　　结

综上所述，港口后勤区域的发展受到内外部不同因素的综合影响，在不同的发展阶段，社会经济发展、港口功能、港口集疏运体系等发展组合状况均表现出明显的阶段性特征。通过对上海和南京港港口后勤区域形成演化过程的分析，参考第 2 章归纳的港口后勤区域发展演化的四阶段模式可以发现，目前上海和南京港港口后勤区域发展已开始进入第三阶段，但上海部分港口后勤区域已表现出第四阶段的某些典型特征。其中，自港口成立初期至 1949 年，上海和南京港港口后勤区域形态经历了由原始形态的仓栈向传统形态库场转变，港口后勤区域间相互影响初步显现，整体上港口后勤区域处于初步发育阶段。在以计划经济为主的社会主义经济管理体制下，港口以运输功能为主，随着社会经济发展需求的上升，传统港口后勤区域得到发展，但受计划体制的影响，港口后勤区域间的相互影响仍停留在一定水平。20 世纪 80 年代以来，社会主义市场经济体制开始确立，港口集疏运网络不断完善，集装箱运输开始受到各港口的重视，港口功能不断演化，特别是随着浦东开发开放和"长江国际航运中心"战略的推进，围绕内陆主要节点的港口后勤区域开始出现，港口后勤区域间腹地影响比较普遍。

综合考虑港口功能、港口体系演化、区域物流发展基本态势，未来上海和南京港港口后勤区域发展将表现出以下几方面的趋势。

（1）随着沿海、沿长江航运运输系统的完善，港口后勤区域间的功能联系将进一步强化，整个港口后勤区域演化将进入第四阶段。以集装箱运输系统为例，未来随着区域物流需求的发展，沿内河将重点建设芜湖、九江、武汉、重庆等主要集装箱码头，发展集装箱运输，配套完善其他港口的集装箱码头设施。相关运输系统的建设一方面将促进传统港口后勤区域规模的扩大；另一方面共享信息系统平台的建设又进一步促进了喂给港与支线港、枢纽港之间的联系，强化了港口后勤区域间的功能联系，加快了港口后勤区域演化。

（2）全球物流网络一体化及港口功能演化将进一步强化港口后勤区域对腹地的影响力。全球物流网络一体化的推进促进了港口腹地间的物质、信息及金融流通，加快了不同物流企业间的合作（图3-11）；港口作为门户城市进入国际、区域的重要节点，港口物流服务功能得到发展，其在综合运输网络和物流网络中的地位受到重视，现代港口已进入综合服务功能时期，即逐步从纯粹的"运输中心"（运输＋转运＋储存）经由"配送中心"（运输＋转运＋储存＋拆装箱＋仓储管理＋加工）向"综合物流中心"（运输＋转运＋储存＋拆装箱＋仓储管理＋加工＋信息处理）发展。加之腹地综合交通网络的完善，港口后勤区域间影响进一步明显。未来随着港口体系向区域化阶段发展倾向的日益明显，内陆物流一体化及物流效率的提升将成为必然。在此过程中，港口后勤区域发展必将围绕不同层面物流供应链的建设展开，其对腹地的影响将进一步强化。

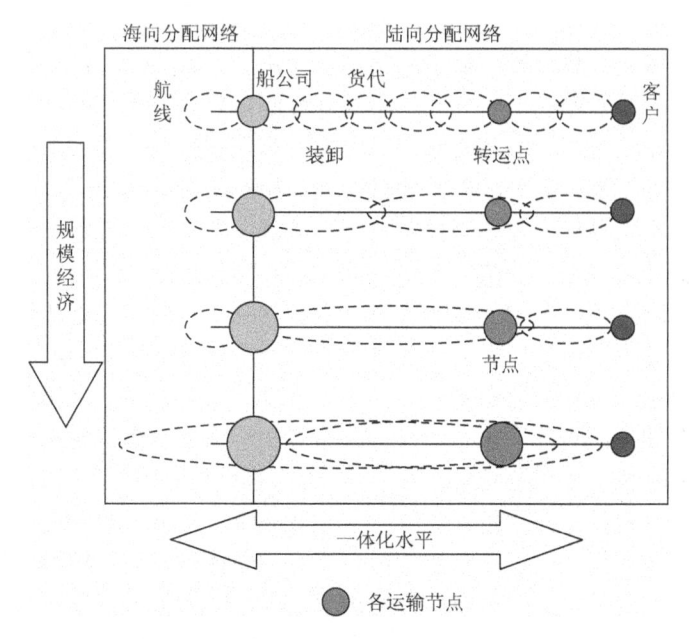

图 3-11　供应链功能一体化

资料来源：据 Robinson（2001）改绘

（3）流域经济的快速发展已经并将继续成为港口后勤区域发展的主要驱动力。2000 年以来长江流域经济实现快速发展（图 3-12），2012 年地区生产总值达到 235 915 亿元，年均增长 15.77%。第二产业增加值达到 115 745.2 亿元，年均增长 16.27%，进出口商品总值 15 635.6 亿美元，年均增长 21.87%。

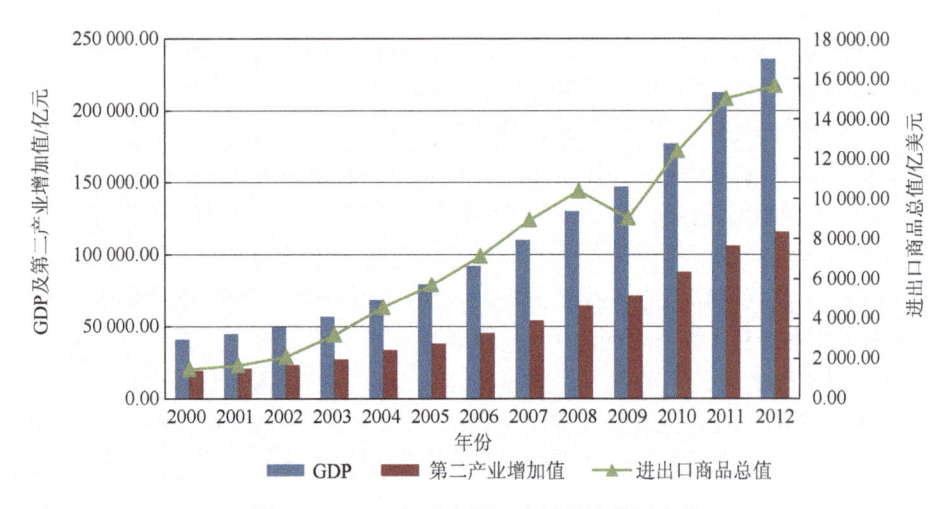

图 3-12　2000 年以来长江流域经济发展态势

未来随着沿江各地区开发进程的推进，特别是依托长江建设中国经济新支撑带战略的加快推进，物流发展需求和设施建设将有新的突破，这对各类港口后勤区域的发展产生微妙影响。一方面，不同区位港口后勤区域间的作用主要受港口—城市的综合影响，流域经济与港口后勤区域间基本呈正相关关系；另一方面，同一区位不同类型港口后勤区域间的发展演化相对复杂，其中综合服务型港口后勤区域职能将不断分化，主要强化对物流供应链虚拟空间的把握。专一服务型港口后勤区域受政策、港口岸线发展限制等的影响，其职能将呈现社会化服务倾向。

（4）未来随着港口后勤区域在物流供应链网络中作用的日益凸显，港口后勤区域与港口、城市（腹地）间的相互作用将呈网络化特征：其一，网络城市的发展需要借助快速高效的交通走廊和通信设施连接起来，并通过合作形成富有创造力的城市集合体（David，1995）；其二，随着生产系统由福特模式向后福特模式的转变，即时运输和高度灵活性成为生产、配送系统的基本特征，这对降低库存、促进生产系统不同部分整合具有明显作用（图 3-13）。运输功能与生产、配送越来越紧密地结合在一起，门户（枢纽）城市依靠各交通模式的规模经济效益和交通设施的扩张不断满足节点间日益增长的运输需求，区域货流逐步向门户（枢纽）城市集中，这对不同区位、不同类型的港口后勤区域发展提出新要求。区域城市发展的网络化倾向、货流运输发生的显著变化以及区域港口体系发展演化将进一步加快城市、港口后勤区域、港口综合网络的形成和发展。

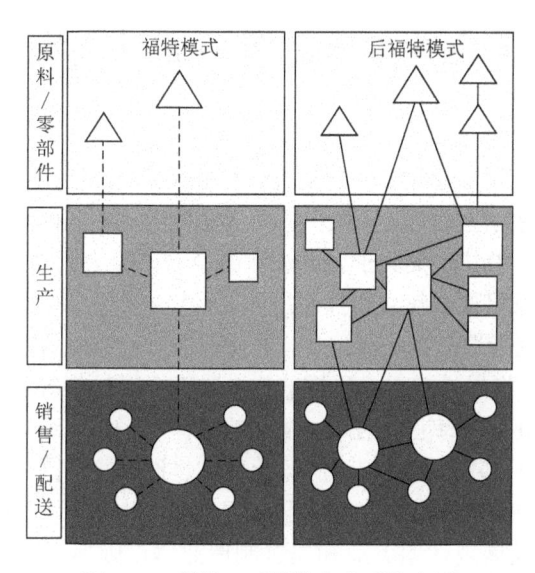

图 3-13 福特、后福特生产系统变迁

资料来源：Rodrigue，1999

第4章 基于企业数据的港口后勤区域识别及演化

港口物流企业是港口后勤区域重要的市场主体。随着港口后勤区域的建设和功能的完善，不同类型的港口物流企业在空间上呈现明显不同的区位指向。党的十八届三中全会通过的《中共中央关于全面深化改革若干重大问题的决定》提出，"紧紧围绕使市场在资源配置中起决定性作用深化经济体制改革"。在此背景下，从港口物流企业视角研究港口后勤区域演化，更有利于摸清市场自发导向下的港口后勤区域建设方向，对于指导港口后勤区域的选址具有很好的指导意义。随着上海国际航运中心建设的推进，上海港口物流业发展的整体水平和综合影响力明显提升，外高桥、北外滩、洋山、陆家嘴等航运服务业载体建设加快，国内外知名港口物流企业纷纷入驻上海，城市内部港口物流企业空间格局发生了深刻变化。随着《国务院关于推进上海加快发展现代服务业和先进制造业建设国际金融中心和国际航运中心的意见》的实施，上海国际航运中心建设由注重基础设施建设转入提升基础设施能力与发展服务软环境并举的阶段。考虑数据的可获取性和港口后勤区域的发育程度，本章重点以上海为例，运用港口物流企业数据对港口后勤区域进行分析。

4.1 上海港口物流企业的空间布局演化

4.1.1 数据说明及研究方法

（1）研究区范围界定。研究空间为上海市域范围，包括18个区[①]和崇明县，为了分析都市区内部不同类型物流企业的空间分布特征，借鉴已有相关研究（赵新正等，2011），将市域空间进一步划分为四个圈层：①中心城区核心区，包括黄浦、静安和卢湾区；②中心城区外围区，包括徐汇、长宁、虹口、闸北、杨浦和普陀区；③近郊区，包括浦东、闵行、宝山和嘉定区；④远郊区，包括青浦、松江、金山、奉贤和南汇区以及崇明县。其中，中心城区包括中心城区核心区和外围区，郊区包括近郊区和远郊区。

（2）数据来源。选取的上海港口物流企业数据主要来自上海市交通运输和港口管理局货物运输企业名录[②]、道路集装箱运输企业名录以及《上海大黄页》中的相关数据。在此基础上，利用上海市工商行政管理局企业基本信息查询系统对企业注册时间、注册地点、经营范围等进行梳理，筛选经营范围中涉及海运和水运业务的相关企业共计

---

① 2009年上海市行政区划调整，南汇区并入浦东新区，本书仍按照2008年上海行政区划划分。
② http://www.jt.sh.cn/bmcx/hwys/jzxys.html。

5093家，利用企业地址信息将物流企业与城市交通矢量地图匹配，得到企业空间分布数据库。为了揭示不同年份、不同类型企业的空间布局演化规律，按照企业注册的经营范围和注册时间，选择1995年、2000年、2005年和2009年四个基础年份，将上述样本的物流企业进一步划分为运输仓储型企业（从事货物运输、仓储一种或两种经营范围的企业）和综合服务型企业（从事运输、仓储、船代、货代等三种及以上经营范围的企业）两种类型，其中运输仓储型企业709家，综合服务型企业4384家（图4-1）。

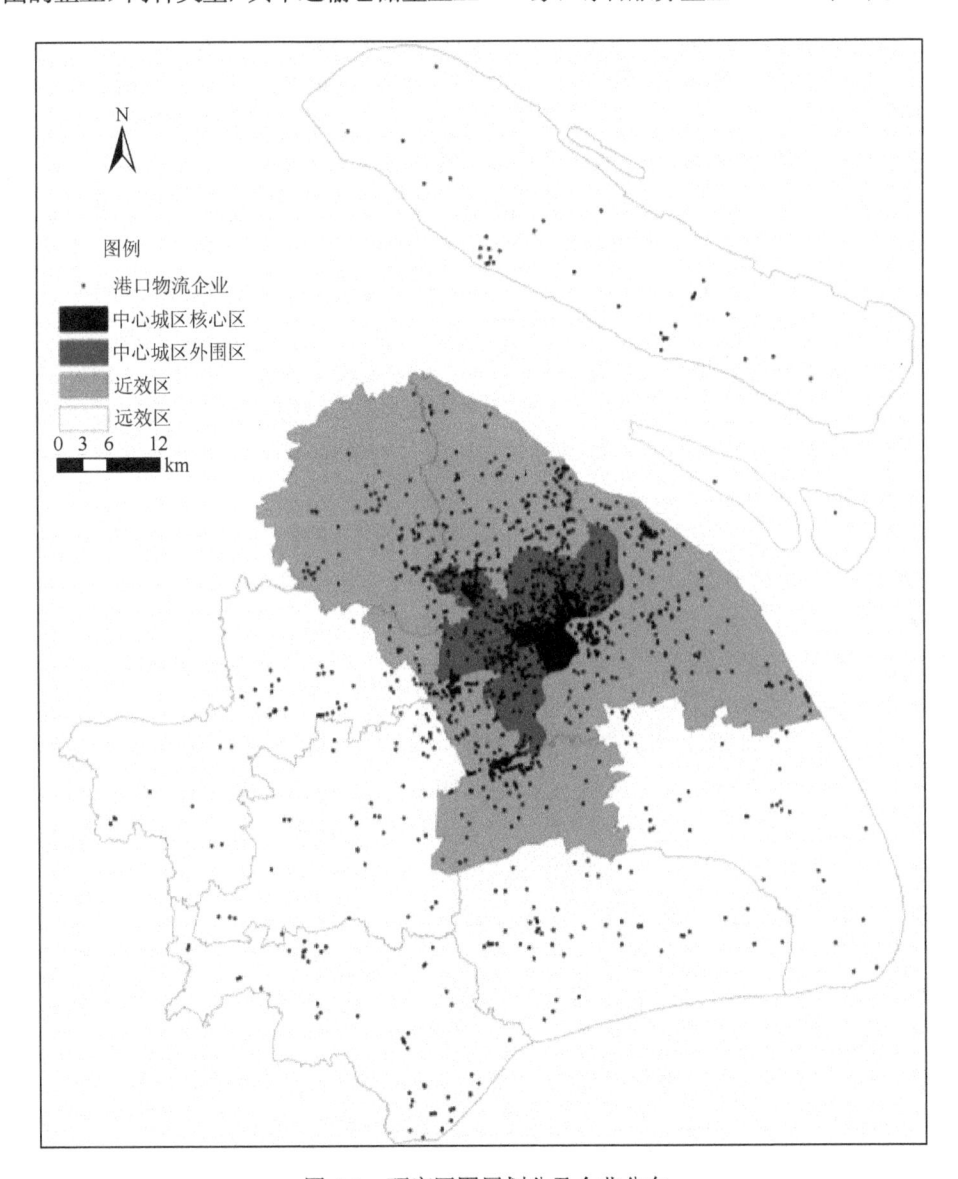

图 4-1　研究区圈层划分及企业分布

4.1.2 上海市港口物流企业空间分布及演化特征

1. 港口物流企业总体空间分布特征

企业布局表现出明显的向心集聚特征，圈层分布格局基本形成。1995年上海市中心城区的港口物流企业数量为163家，占企业总数的62.7%，郊区企业数量为97家，占企业总数的37.3%；2009年中心城区港口物流企业数量达到2815家，占企业总数的55.3%，郊区企业数量达到2278家，占企业总数的44.7%（图4-2）。总体上看，虽然2009年中心城区港口物流企业所占比重较1995年有所下降（下降了7.4个百分点），但中心城区港口物流企业的数量和所占比重均高于郊区，仍然是港口物流企业布局的主要区域。运用核密度估算法对上海市港口物流企业空间分布冷热点的分析显示，2009年企业分布的热点区域位于北外滩航运服务集聚区。2009年北外滩地区集聚了中国海运（集团）总公司、中远集装箱运输有限公司、上海港务集团、地中海航运有限公司、优特埃国际物流公司等大型国际航运企业，年营业收入超过1500亿元；外围以外环高速为轴线，在外环高速与沪金高速、京沪高速与外环高速的连通口以及宝山区（沿宝杨路）、外高桥航津路沿线形成次热点区域（图4-3）。

从各区县的企业分布情况看，黄浦区和虹口区企业密度最高，分别达到60.73个/km^{2}和37.44个/km^2；普陀、静安和杨浦区的企业密度处于第二等级，企业密度分别为8.24个/km^2、9.99个/km^{2}和6.37个/km^2。长宁、卢湾和闸北区企业分布密度处于第三等级；浦东、徐汇、宝山和闵行区企业分布密度处于第四等级；其他则处于第五等级（图4-4）。

企业空间布局的郊区化趋势逐步显现。从四个圈层的港口物流企业布局演化看，企业空间分布表现出郊区化趋势。1995年中心城区核心区、中心城区外围区、近郊区和远郊区的企业数量分别为60家、103家、85家和12家，所占比重分别为23.1%、39.6%、32.7%和4.6%。至2009年，中心城区核心区、中心城区外围区、近郊区和远郊区的企业数量分别达到864家、1951家、1744家和534家，所占比重分别为17%、38.3%、34.2%和10.5%。近15年来，四个圈层港口物流企业的数量均实现较快增长，但核心区港口物流企业所占比重下降了6.1个百分点，降幅明显，外围区港口物流企业所占比重略有下降。近郊区和远郊区的港口物流企业所占比重均呈现上升的态势，其中近郊区企业所占比重上升了1.5个百分点，远郊区港口物流企业所占比重上升了5.9个百分点，企业布局由中心城区的"单中心"逐步向近郊区、远郊区的"多片多中心"方向发展（图4-5）。

(a) 1995年

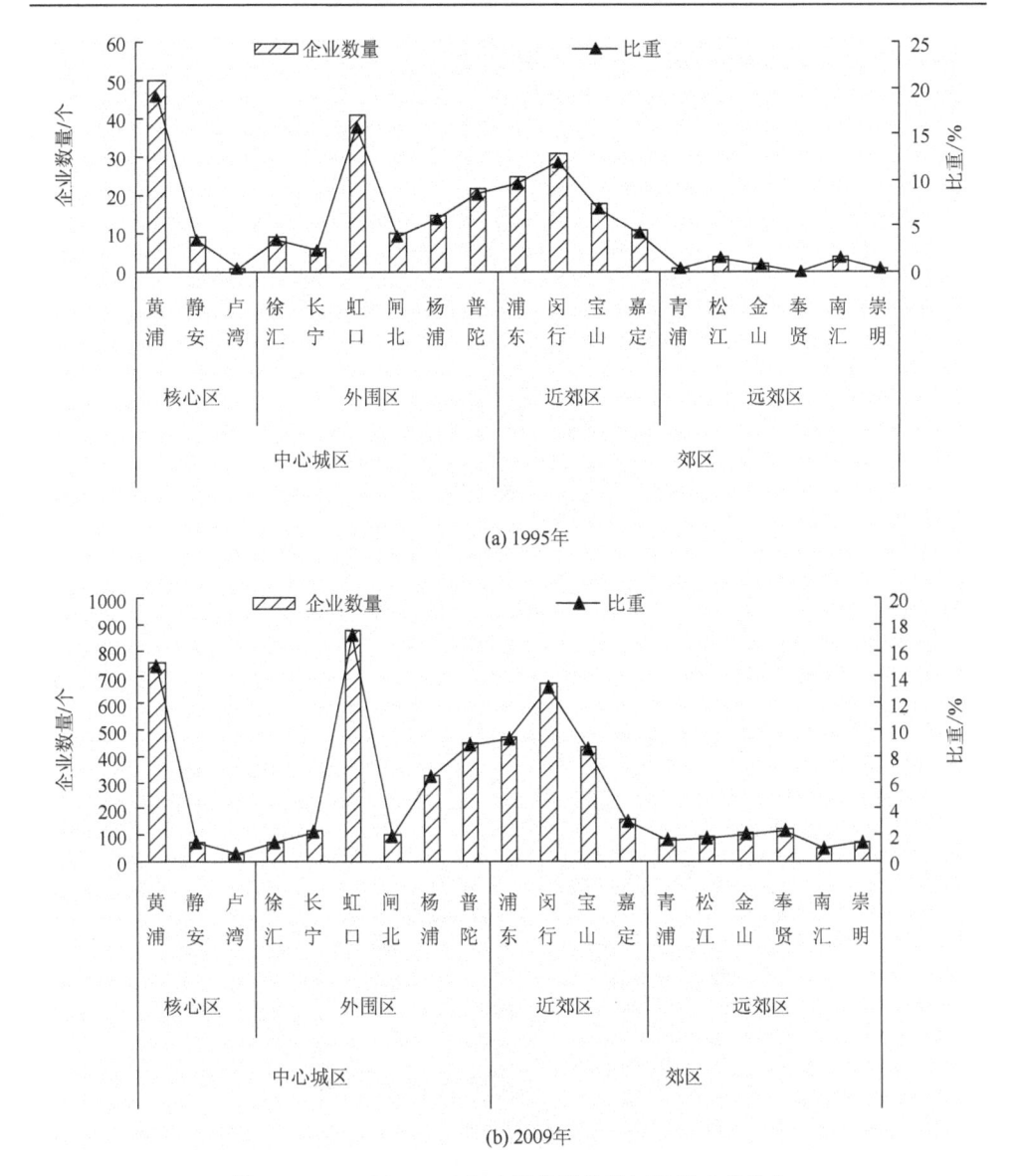

(b) 2009年

图 4-2 1995 年、2009 年上海各区县港口物流企业分布

从新企业的区位选择情况看(表 4-1),1996~2000 年、2001~2005 年和 2006~2009 年三个时段中心城区核心区、外围区和近郊区新注册企业占全市所有新注册企业的比重均呈现一定的下降态势,分别由 18.51%、40.75%和 36.11%下降到 15.17%、37.05%和 33.83%。远郊区新注册企业占全市所有新注册企业的比重呈现明显的上升态势,由 4.61%上升到 13.96%。但总体上,黄浦、虹口、闵行、普陀、浦东、宝山和杨浦区是不同时期物流企业空间选址的主要区域,上述区域在三个

时段新增企业所占比重均高于全市平均水平。

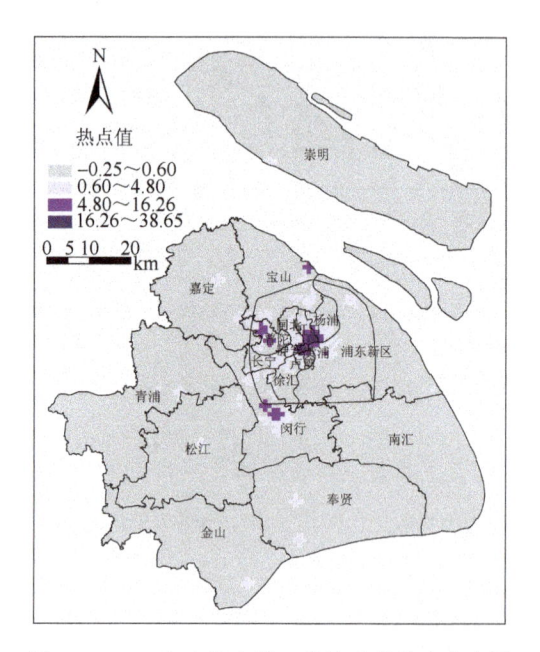

图 4-3　2009 年上海市港口物流企业热点分布图

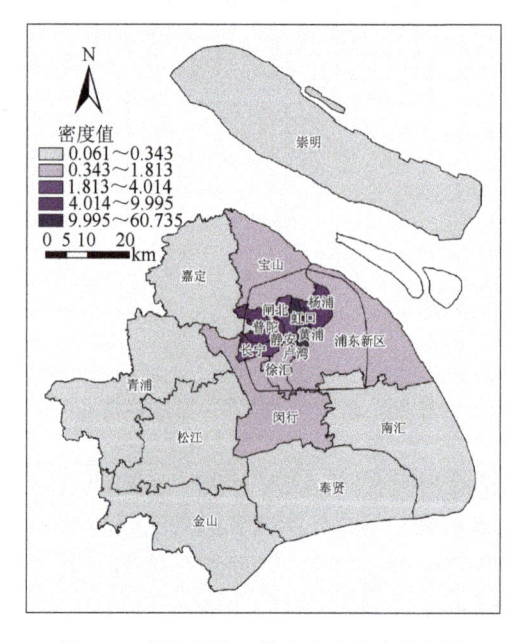

图 4-4　上海市港口物流企业密度分布图

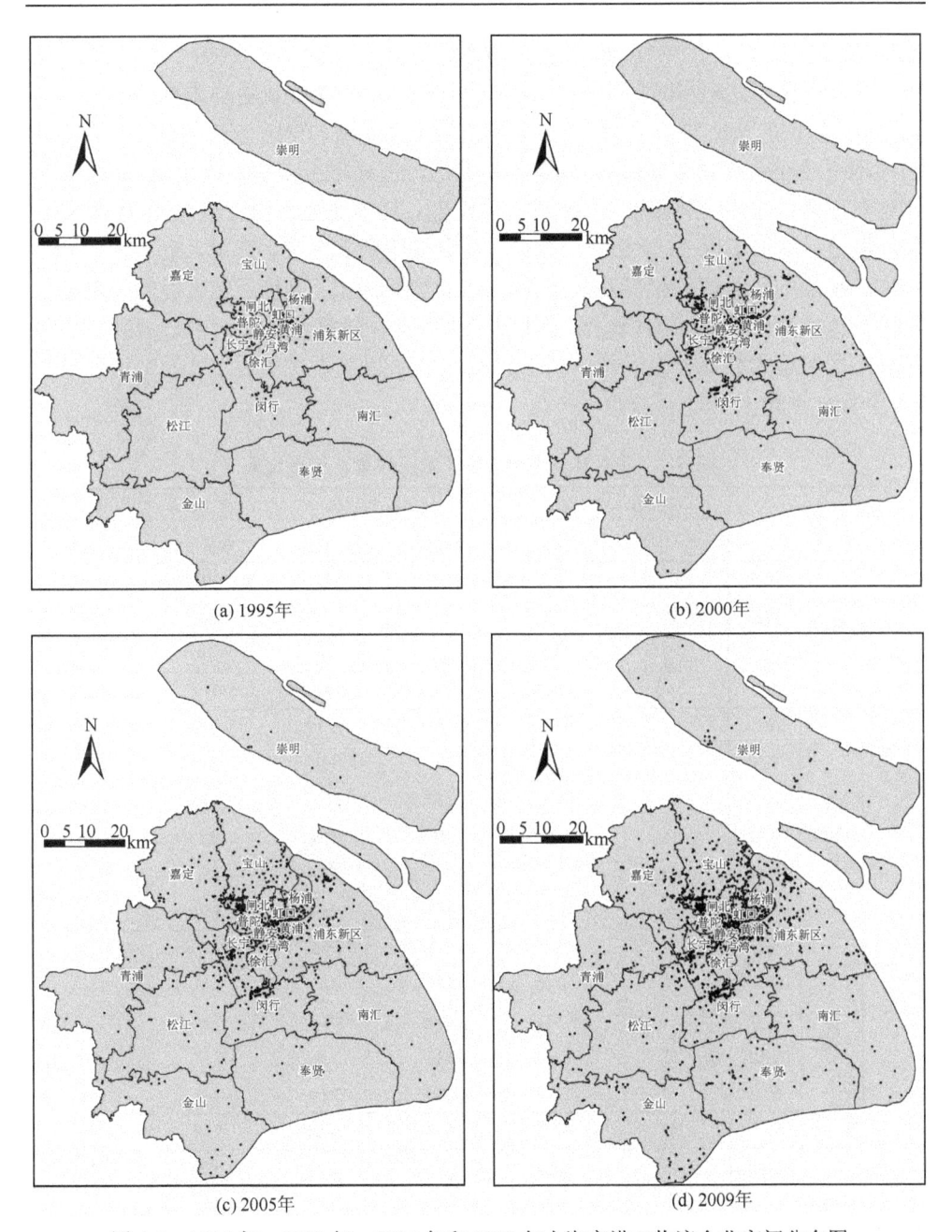

第4章 基于企业数据的港口后勤区域识别及演化

图4-5 1995年、2000年、2005年和2009年上海市港口物流企业空间分布图

2. 不同类型港口企业空间分布特征

运输仓储型企业区位选择表现出明显的向郊区转移的态势。由表4-2可知,

2009年郊区分布了全市70.8%的运输仓储型企业，比1995年增加了20.8个百分点，企业总数量达到502家；中心城区的运输仓储型企业仅占样本数的29.2%，比1995年下降了近20个百分点，企业总数量为207家。其中，近郊区分布了40.9%的样本企业（企业数290家），总量处于首位，但样本企业所占比重与1995年相比略有下降；远郊区分布了29.9%的样本企业，样本企业所占比重与1995年相比增幅明显，增加了近25个百分点，企业总数量达到212家。其中，宝山区新增港口物流企业的数量始终维持在前三位，闵行区和金山区随着大交通格局的变化和物流载体的建设，新增港口物流企业数量也保持在较高水平。而中心城区核心区和外围区的运输仓储型企业样本所占比重均呈下降态势，分别比1995年下降了3.6个百分点和17.1个百分点。

表 4-1 各区县新增港口物流企业数量及所占比重

区县			1996~2000年		2001~2005年		2006~2009年	
			数量/个	比重/%	数量/个	比重/%	数量/个	比重/%
中心城区	核心区	黄浦	125	16.53	290	15.74	291	13.02
		静安	10	1.32	23	1.25	34	1.52
		卢湾	5	0.66	12	0.65	14	0.63
		总计	140	18.51	325	17.64	339	15.17
	外围区	徐汇	13	1.72	22	1.19	31	1.39
		长宁	16	2.12	36	1.95	58	2.60
		虹口	118	15.61	327	17.75	391	17.49
		闸北	16	2.12	35	1.90	38	1.70
		杨浦	49	6.48	115	6.24	151	6.76
		普陀	96	12.70	177	9.61	159	7.11
		总计	308	40.75	712	38.64	828	37.05
郊区	近郊区	浦东	76	10.05	156	8.47	219	9.80
		闵行	116	15.34	285	15.47	242	10.83
		宝山	52	6.88	140	7.60	227	10.16
		嘉定	29	3.84	49	2.66	68	3.04
		总计	273	36.11	630	34.20	756	33.83
	远郊区	青浦	15	1.98	23	1.25	47	2.10
		松江	9	1.19	46	2.50	33	1.48
		金山	2	0.26	58	3.15	47	2.10
		奉贤	1	0.13	9	0.49	111	4.97
		南汇	6	0.79	28	1.52	14	0.63
		崇明	2	0.26	11	0.60	60	2.68
		总计	35	4.61	175	9.51	312	13.96

综合服务型企业仍主要布局在中心城区,但其区位选择已表现出一定的郊区化倾向。2009年中心城区该类型企业数量达到2608家,占全市的59.5%,但与1995年相比其比重下降了5.5个百分点;而郊区综合服务型企业数量为1776家,占全市的40.5%,比1995年增长了5.5个百分点。其中核心区企业数量为819家,所占比重较1995年下降了6.8个百分点;外围区企业1789家,较1995年增加了1.3个百分点。随着中心城区航运服务集聚区和商务服务载体的建设,虹口区和黄浦区新增综合服务型企业的数量始终保持较高水平,2006年以来上述两区新增的企业数量分别为376家和282家。近郊区和远郊区综合服务型企业所占比重均呈上升态势,分别较1995年增加了2.7个百分点和2.8个百分点,闵行、浦东和宝山是该类型企业空间拓展的主要方向。

表4-2 不同时段上海两类港口物流企业的区县分布 （单位:个）

区县			运输仓储型企业				综合服务型企业			
			1995年	2000年	2005年	2009年	1995年	2000年	2005年	2009年
中心城区	核心区	黄浦	4	15	31	40	46	160	434	716
		静安	0	1	1	3	9	18	41	73
		卢湾	0	1	1	2	1	5	17	30
	外围区	徐汇	3	7	9	13	6	15	35	62
		长宁	1	2	4	9	5	20	54	107
		虹口	4	10	13	28	37	149	473	849
		闸北	2	8	16	25	8	18	45	74
		杨浦	4	8	16	24	11	56	163	306
		普陀	2	24	45	63	20	94	250	391
郊区	近郊区	浦东	4	15	29	49	21	86	228	427
		闵行	4	22	53	77	27	125	379	597
		宝山	8	27	58	121	10	43	152	316
		嘉定	2	12	26	43	9	28	63	114
	远郊区	青浦	0	6	16	31	1	10	23	55
		松江	0	2	11	15	4	11	48	77
		金山	0	1	56	81	2	3	6	28
		奉贤	0	0	2	22	0	1	8	99
		南汇	2	4	17	24	2	6	21	28
		崇明	0	1	10	39	1	2	4	35

4.1.3 港口物流企业空间格局演化的影响因素

港口物流企业空间格局演化受到港口功能演化、区域综合交通网络布局及区位优势度的变化、港口物流企业内在特性及城市商务活动空间布局、城市规划与发展政策导向等多种因素的综合影响，具体表现为以下几个方面。

（1）港口功能演化。经济全球化促使货运模式发生了显著变化，中心枢纽港向全球供应链中心嬗变升级，物流服务已成为现代港口功能演化的重要趋势，加之港口与腹地联系强度的加强和港口后勤功能配置的加快（Wang and cheng，2010；Notteboom，2010），与港口相关的装卸、仓储、运输以及货代、船代等产业（企业）在港口周边集聚。1996年以来，上海港口码头泊位数由1996年的138个猛增到2009年的1145个，港口集装箱吞吐量由1995年的152.6万标箱增长到2009年的2500.2万标箱，其中国际航线的集装箱吞吐量所占比重达到74.63%，上海国际集装箱枢纽港的地位不断提升（曹有挥和阎小培，2003）。

（2）区域综合交通网络布局及区位优势度的变化。交通网络是空间运输联系赖以实现的基础（张文尝等，1992），区域通达条件的改善显著影响了区位决策的条件，扩大了区位决策的范围和选择余地，提高了区位决策的灵活性（曹小曙和阎小培，2003）。围绕城市建设和港口发展，上海市的交通基础设施建设加快推进，1996年沪宁高速上海段建成通车，随后沪杭高速上海段、外环线一期、同三高速公路上海段、莘奉金高速以及沪洋高速、嘉金高速、外环浦东、浦西高速、A30（东南环、北环、同济高速、南环高速）、亭枫高速、沪青平高速、新卫高速等相继建成通车，这极大地加强了上海港对腹地资源的配置作用。据统计[①]，2008年上海集装箱吞吐量的74%来源于长三角，其中上海本地占28%，江苏占37%，浙江占9%，公路运输货运量在上海港集疏运结构中占60%以上，沿江高速、沪宁高速、沪杭高速是上海连通腹地的主要陆路通道。随着《关于推进长三角地区道路货运（物流）一体化发展的若干意见》的实施，上海市进一步落实推进甩挂运输试点的优惠政策，准许牵引车拖挂非本企业所属的挂车，这进一步促进了相关港口物流企业向上述出省道口集聚，加快了港口物流企业的郊区化趋势。

（3）港口物流企业内在特性及城市商务活动空间布局。不同类型的港口物流企业有着不同的内在特性，这些内在的特性从根本上决定了其区位选择的空间差异（曹卫东，2012）。总体上，运输仓储型港口物流企业处于整个港口物流产

---

① 资料来源：上海市第四次综合交通调查办公室.2009.上海第四次综合交通调查报告。

业链的低端，用地规模大，在区位地租的影响下，倾向于向城市郊区布局以降低运营成本。对于综合服务型港口物流企业而言，与周边其他企业良好的业务联系以及信息资源获取是影响企业区位选择的重要因素（陈再齐等，2010），企业倾向于在区域商务办公条件良好的区位集聚以拓展业务范围和降低交易成本。2009 年，虹口、黄浦、闵行、浦东和宝山区作为综合服务型港口物流企业空间布局拓展的主要区域，商务办公楼建筑面积达到 3086.92 万 m^2，占全市商务办公楼建筑总面积的比重高达 51.7%（图 4-6），其中浦东新区的商务办公楼宇面积最大，为 1855.17 万 m^2，这为综合服务型港口物流企业发展提供了良好的支撑平台。运用 GeoDa095i 软件对上海市商务楼宇与综合服务型港口物流企业空间关联分布的研究显示，两者在空间分布上具有极强的空间关联性，中心城区、宝山区沿海及沿黄浦江地区、浦东新区航津路沿线区域是楼宇和综合服务型港口物流企业的高密度分布地区（H-H 型），低楼宇密度和高物流企业密度分布区域（L-H 型）、低楼宇密度和低物流企业密度分布区域（L-L 型）、高楼宇密度和低物流企业密度分布区域（H-L 型）在中心城区外围的外环沿线及郊区（县）政府所在地，这是交通区位、运输需求、商务环境以及地租等综合因素作用的结果（图 4-7）。

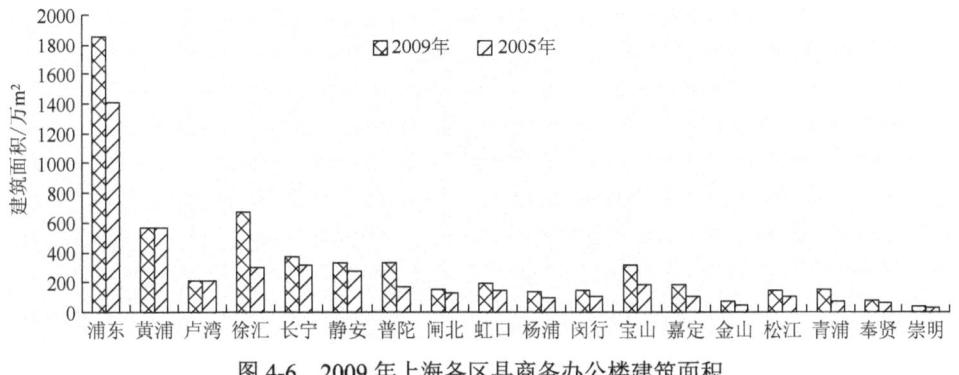

图 4-6 2009 年上海各区县商务办公楼建筑面积

（4）城市规划与发展政策导向。城市空间结构的变化直接影响城市产业空间布局、原有港区功能以及港口后勤区域和商务服务集聚区建设布局，这对港口物流企业的空间布局产生直接影响，而相关产业发展政策的实施则会加快物流企业的发展，并促进企业向这些区域加快集聚。"十五"以来，上海市政府先后出台了《上海市"十五"现代物流产业发展重点专项规划》《关于上海加速发展现代服务业的若干政策意见》《上海市现代物流业发展"十一五"规划》等系列政策文件推动了现代物流业的发展。围绕上海国际大都市建设，上海市提出分三个层次布局产业，其中城市内环线以内区域以第三产业为重点，城市内外环线之间地区以高科技、高增值、无污染的工业为重点，同时将浦东小陆家嘴（浦东南路至东昌路之间的地区）和浦西外滩（河南路以东，虹口港至新开河之间的地区）规划建设为中央商务区。城市制造业布局向外调整和外高桥港区、洋山港区的建设，带动了相关运输仓储型的港口运输企业向郊区转移；而城市内环线以内区域产业发展导向和商务楼宇的建设，促使部分传统运输仓储港口型物流企业实现功能转型，加快了综合服务型港口物流企业的集聚。

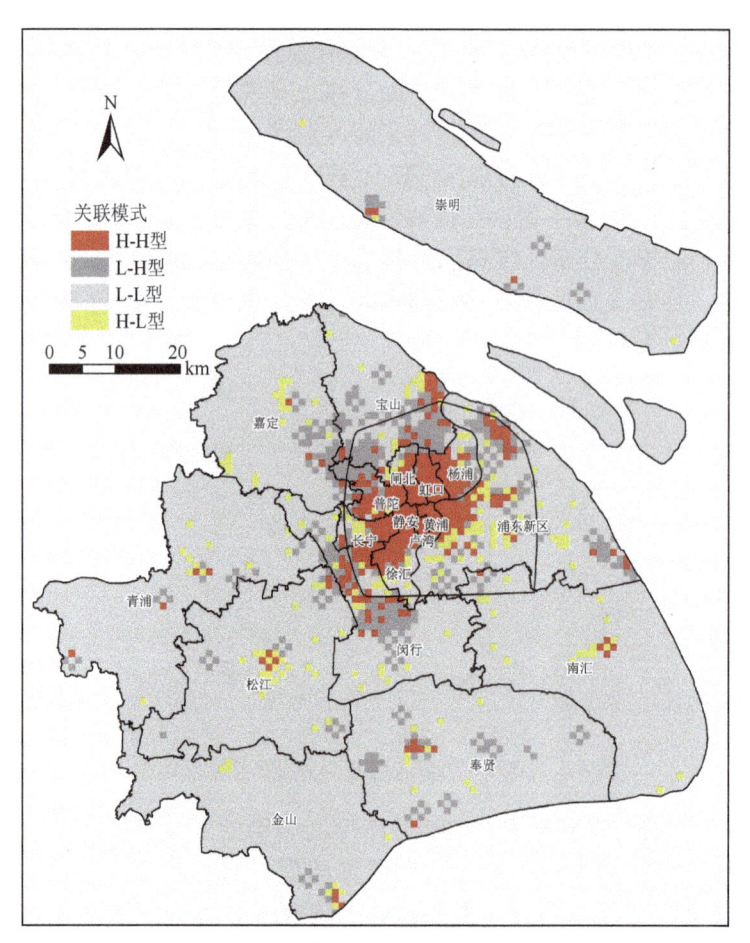

图 4-7　综合服务型港口物流企业与商务楼宇分布的空间关联

4.2　基于企业数据的港口后勤区域识别与演化

通过对上海港口物流企业空间布局演化的分析可以发现，随着港口物流业的发展，物流企业空间布局呈现出明显的集散态势，直接加快了不同类型港口后勤区域的发展。为此，以上述港口物流企业数据库建设为基础，综合运用核密度估算法模型，对上海港口后勤区域进行识别，并分析其演化态势。

4.2.1 研究方法

围绕产业/企业空间集聚，地理学家和经济学家引入和设计了多种方法来刻画产业/企业地理集聚的时空格局（Combes et al.，2008；詹立宇 2010）。根据袁丰（2011）的相关研究，早期成果主要从产业经济学和区域差异研究领域借鉴了行业集中度、变异系数、Theil 系数、Hoover 系数、Hannah-Kay 指数、Entropy 指数（Krugman 1991a；Mano and Otsuka 2000；Aiginger and Davies 2004；Aiginger and Pfaffermayer，2004；Brulhart and Traeger，2005）以及 Hirschman-Herfindahl 系数、Gini 系数（Krugman，1991b）等方法，采用产业-行政区数据，测度产业的绝对和相对集中程度；而后学者又设计了 EG 指数和 MS 指数（Ellison and Glaeser 1997；Maurel and Sédillot，1999）以及空间分散度（SP）指数（Midelfart-Knarvik et al.，2000）等方法。

考虑到城市尺度的企业可以看作连续空间上的一系列点，可以采用空间点模式的方法来衡量连续空间上的产业集聚程度和空间分布格局。研究主要采用核密度估计法来分析上海港口物流企业空间演化的热点变化，进而识别其港口后勤区域。

核密度估计法是在数据集密度函数聚类算法的基础上提出的，该方法通过考察规则区域中点密度的空间变化，来研究点的分布特征。一般通过测度研究区域中单位面积上的事件数来估计点 p 的密度为 $\lambda_h(p)$，其估计值为 $\hat{\lambda}_h(p)$，则

$$\hat{\lambda}_h(p)=\sum_{i=1}^{n}\frac{1}{h^2}k\left(\frac{p-p_i}{h}\right) \quad (4-1)$$

式中，$k(\cdot)$ 为核函数；p 代表企业点集 $p=\{p_1, k\ p_n\}$，为待估计点的位置；p_i 为落在以 p 为圆心，h 为半径的圆形范围内的第 i 个企业的位置，即以 p 为源点的曲面在空间上延展的宽度，h 值的选择会影响到分布密度估计的平滑程度。

当带宽 h 确定以后，不同数学形式的核函数对密度估计的影响很小，实践中常用的核函数主要是四次多项式函数和正态函数，本节具体采用四次多项式核函数来估计，四次多项式核函数形式如下：

$$\hat{\lambda}_i(d)=\frac{3}{\pi h^2}\left[1-\left(\frac{d_{ij}}{h}\right)^2\right]^2 \quad (4-2)$$

式中，d_{ij} 为点 i 到点 j 之间的欧式距离。

4.2.2 企业视角港口后勤区域演化特征

运用 ArcGIS 10.0 核密度估计方法对物流企业布局的热点分析显示（图4-8），1995年以来上海市港口后勤区域的演化特征表现为以下几个方面。

港口后勤区域布局呈现核心-外围模式。核心区位于外滩金融区以东，以东大名路为主轴，以上海北外滩航运服务集聚区为核心。上海北外滩航运服务集聚区是上海市政府确定的首批现代服务业集聚区之一，是上海国际航运中心的重要组成部分。该区域整体以航运服务业的发展为主，中国海运（集团）总公司、中远集装箱运输有限公司以及上海国际港务（集团）股份有限公司等航运服务龙头企业已经集聚于此。根据《上海市虹口区国民经济和社会发展第十二个五年规划纲要》等相关规划，北外滩将依托航运物流行业功能性机构和协会，重点吸引船公司尤其是世界大型班轮公司、物流企业、船代货代企业、邮轮公司、海事法律商务会展机构等入驻，加快航运要素市场建设，大力发展航运金融与保险、仲裁公证公估、信息服务、人才培训等航运物流服务产业，着力培育航运市场服务、进出口物流服务和国际客运服务三大功能。

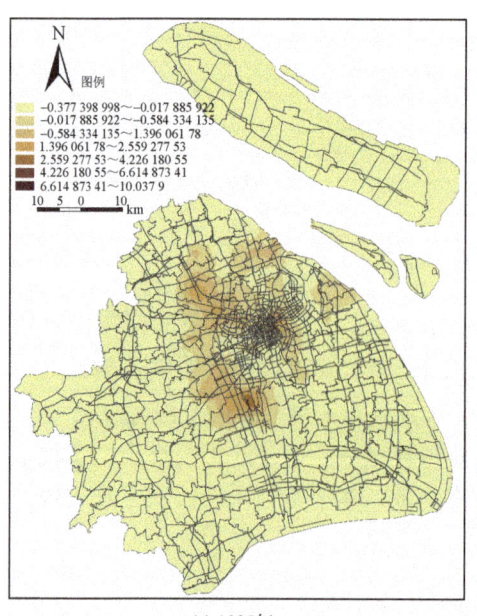

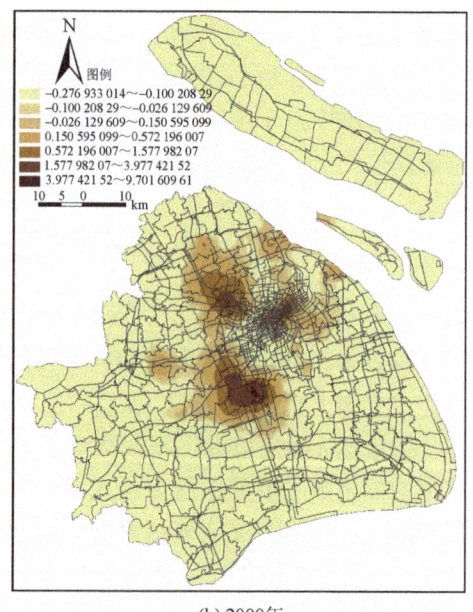

(a) 1995年

(b) 2000年

第4章 基于企业数据的港口后勤区域识别及演化

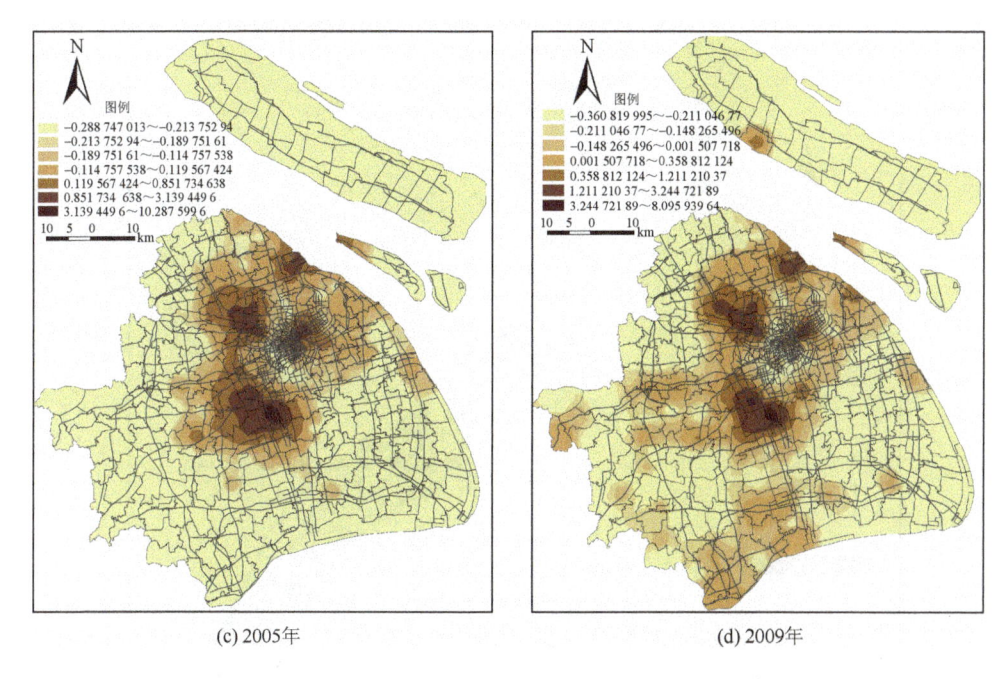

(c) 2005年　　　　　　　　　　　　(d) 2009年

图 4-8　1995 年、2000 年、2005 年和 2009 年港口物流企业空间分布热点

外围是以 A20 公路为主轴线，沿城市高速公路出入口成为港口物流企业集聚的重点区域，以西北综合物流园和西南综合物流园区为核心。根据《上海市现代物流业发展"十二五"规划》，西北综合物流园区依托普陀桃浦、未来岛和嘉定江桥物流基地，将进一步加大传统陆路货物集散功能的调整升级力度，重点发展保税物流中心、陆上货运交易中心等功能。西南综合物流园区依托发达的加工制造业基础和西南综合交通门户枢纽的区位优势，积极打造重要陆路物流枢纽的功能载体，大力发展面向长三角制造业的物流服务功能。

沿海近域港口后勤区域得到快速发展。物流企业集聚热点的分析显示，1995年以来，围绕沿海港口开发和产业发展，宝山、外高桥两地的近域港口后勤区域得到快速发展。为了更好地分析近域港口后勤区域形成的演化状况，考虑到近域港口后勤区域基本位于港口后方 10km 范围内，着重对 10km 范围内的物流企业做了进一步筛选，共计 833 家（图 4-9），运用上述核密度估计法对港口后勤区域演化进行分析。分析显示（图 4-10），1995 年以前企业集聚不太明显，主要集中在宝山、张华浜码头一带，以非均衡拓展为主；1996~2000 年，港口物流企业集聚强化，企业向军工路码头一带集聚，呈非均衡快速扩张态势；2001~2005 年，港口物流企业在黄浦江下游港区、宝山、外高桥热点形成，非均衡快速扩展加强；2006 年以来宝山罗泾热点加强，新热点出现，分化态势初显（表 4-3）。

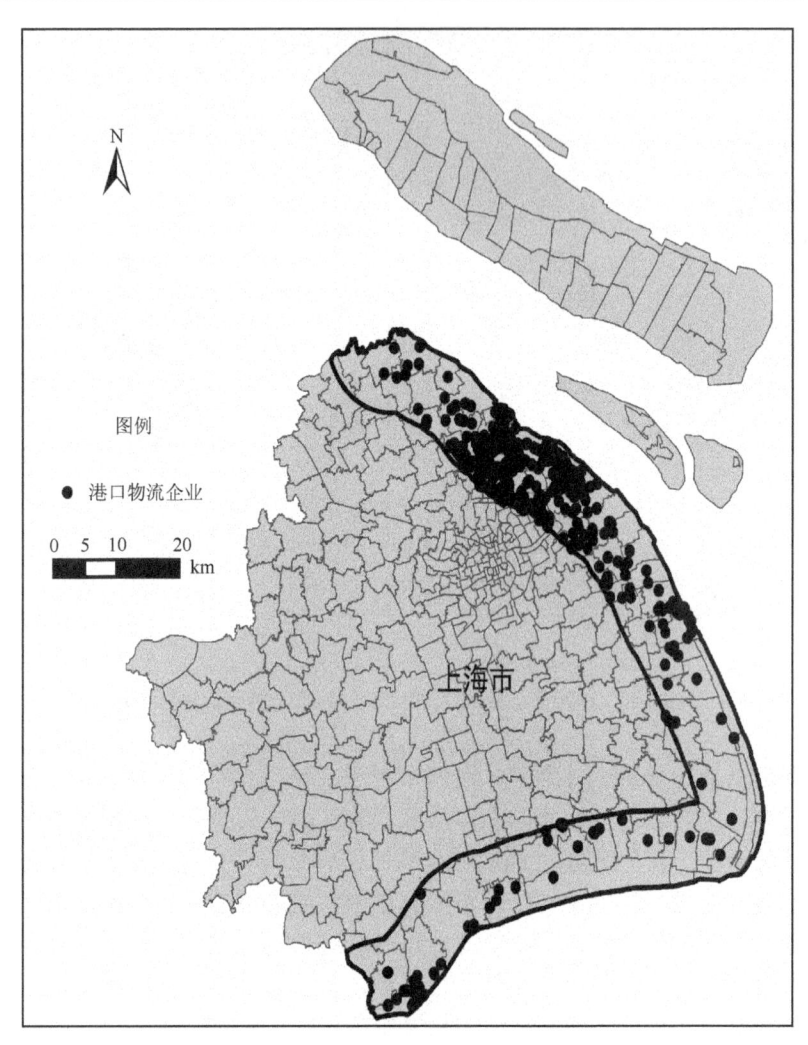

图 4-9　沿岸 10km 范围内的港口物流企业分布

表 4-3　基于企业数据的近域港口后勤区域发展

时间	空间结构	相互间影响
1995 年前	企业集聚不太明显，主要集中在宝山、张华浜码头一带，以非均衡拓展为主	初步显现
1996～2000 年	企业集聚强化，企业向军工路码头一带集聚，呈非均衡快速扩张态势	渐趋明显
2001～2005 年	黄浦江下游港区、宝山、外高桥热点形成，非均衡快速扩展加强	相互影响加强
2006 年至今	宝山罗泾热点加强，新热点出现，分化态势初显	相互影响更加明显

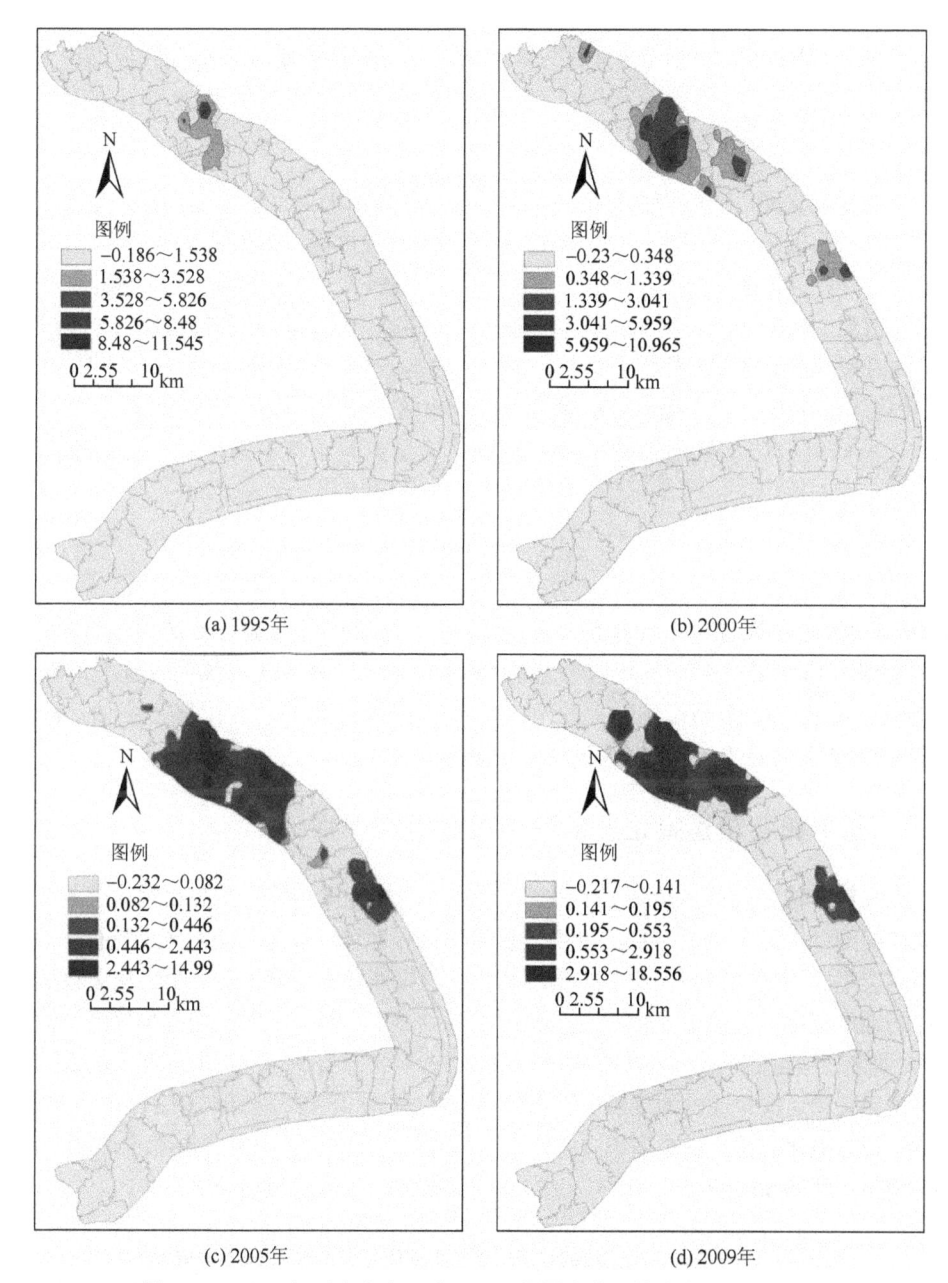

图 4-10　1995 年以来上海沿岸 10km 范围内港口物流企业分布热点

4.3　集装箱运输企业布局演化及港口后勤区域识别

集装箱运输企业是港口物流企业中最重要的基础组成部分之一。随着运输企业的转型升级和城市内部空间组织的优化，集装箱运输企业的功能不断拓展，不同类型、不同规模的企业空间区位发生明显变化,这直接加快了港口后勤区域的演变。

4.3.1 数据说明及研究方法

（1）数据来源。选取的上海市集装箱运输企业数据来自上海市交通委员会（28号. http://www.jt.sh.cn/bmcx/hwys/jzxys.html）发布的相关数据,数据截止时间为2012年8月28号,共计1410条,数据库涵盖许可证号（备案证号）、企业名称、企业地址、企业电话等信息。按照企业注册时间,选择1995年、2000年、2005年和2012年四个基础年份,同时根据注册类型和注册资金,将企业分成内资型、外资型、大型和中小型企业。其中内资企业1306家,外资企业83家;大型企业167家;中小型企业1222家。

（2）研究方法。采用地理集中度指数来衡量上海市集装箱运输企业的空间集聚程度,公式如下:

$$G = 100 \times \sqrt{\sum_{i=1}^{19}\left(\frac{X_i}{T}\right)^2} \qquad (4-3)$$

式中,G 为行业地理集中度指数;X_i 为第 i 个研究单元某类行业的单位数量;T 为所有研究单元某类行业的单位数量总和。G 值越接近 100,说明行业空间布局越集中;反之,G 值越小,行业空间布局就越分散。此外,运用核密度估计法分析企业空间集聚的热点,进而可以研究港口后勤区。

4.3.2 基于集装箱运输企业的港口后勤区域识别

集装箱运输企业总体布局演化特征。运用地理集中度指数对集装箱运输企业空间布局情况的分析显示（表4-4）,1995年以来集装箱运输企业总体空间集聚特征明显,但不同类型、不同规模的企业空间集散表现出明显差异。总体上看,全市集装箱运输企业的地理集中度指数由 1995 年的 35.35 上升到 2012 年的 38.80,空间集聚区持续增强;大型集装箱运输企业的地理集中度指数由 1995 年的 41.90 下降到 2012 年的 33.74;外资型集装箱运输企业的地理集中度指数由 1995 年的 46.18 下降到 2012 年的 39.40,总体呈现分散化态势;中小型和内资型集装箱运输企业的地理集中度指数分别由 1995 年的 35.41 和 35.00 上升到 2012 年的 39.96 和 38.69,总体呈现集中化态势。

表4-4 1995年以来上海集装箱运输企业总体及分类型地理集中度指数

集装箱运输企业类型	1995 年	2000 年	2005 年	2012 年
总量	35.35	37.75	38.03	38.80
大型	41.90	39.87	33.22	33.74
中小型	35.41	37.86	40.31	39.96
内资型	35.00	37.61	39.13	38.69
外资型	46.18	45.95	38.39	39.40

港口后勤区域多核心态势加快形成。利用核密度估计法对企业空间集聚热点的分析显示，以上海北外滩航运服务集聚区为核心的港口后勤区域在加快发展，但同时沿黄浦江向下、沿海区域港口后勤区域也在得到快速发展（图4-11）。

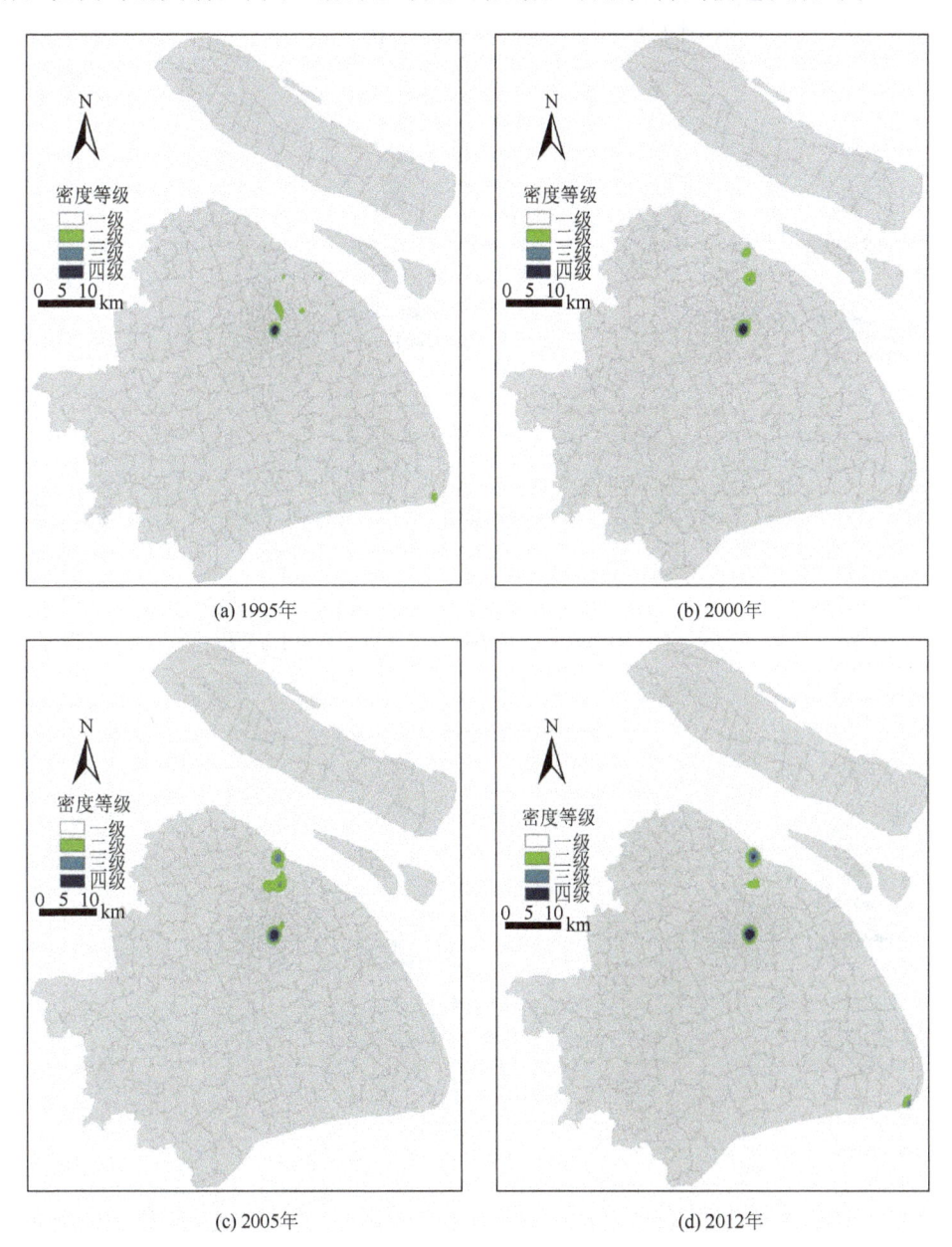

(a) 1995年

(b) 2000年

(c) 2005年

(d) 2012年

图4-11　1995年、2000年、2005年、2012年基于集装箱运输企业的港口后勤区域

从不同规模和不同类型的企业布局演化情况看，大型集装箱运输企业主要向

沿海深水港地区转移；中小型集装箱运输企业主要沿黄浦江向下游布局；外资型集装箱运输企业主要向保税区和航运服务集聚区等区域转移；内资型集装箱运输企业主要围绕港区生产力布局进行转移（图 4-12～图 4-15）。企业空间集聚热点的区位差异直接影响不同类型港口后勤区域的发育。

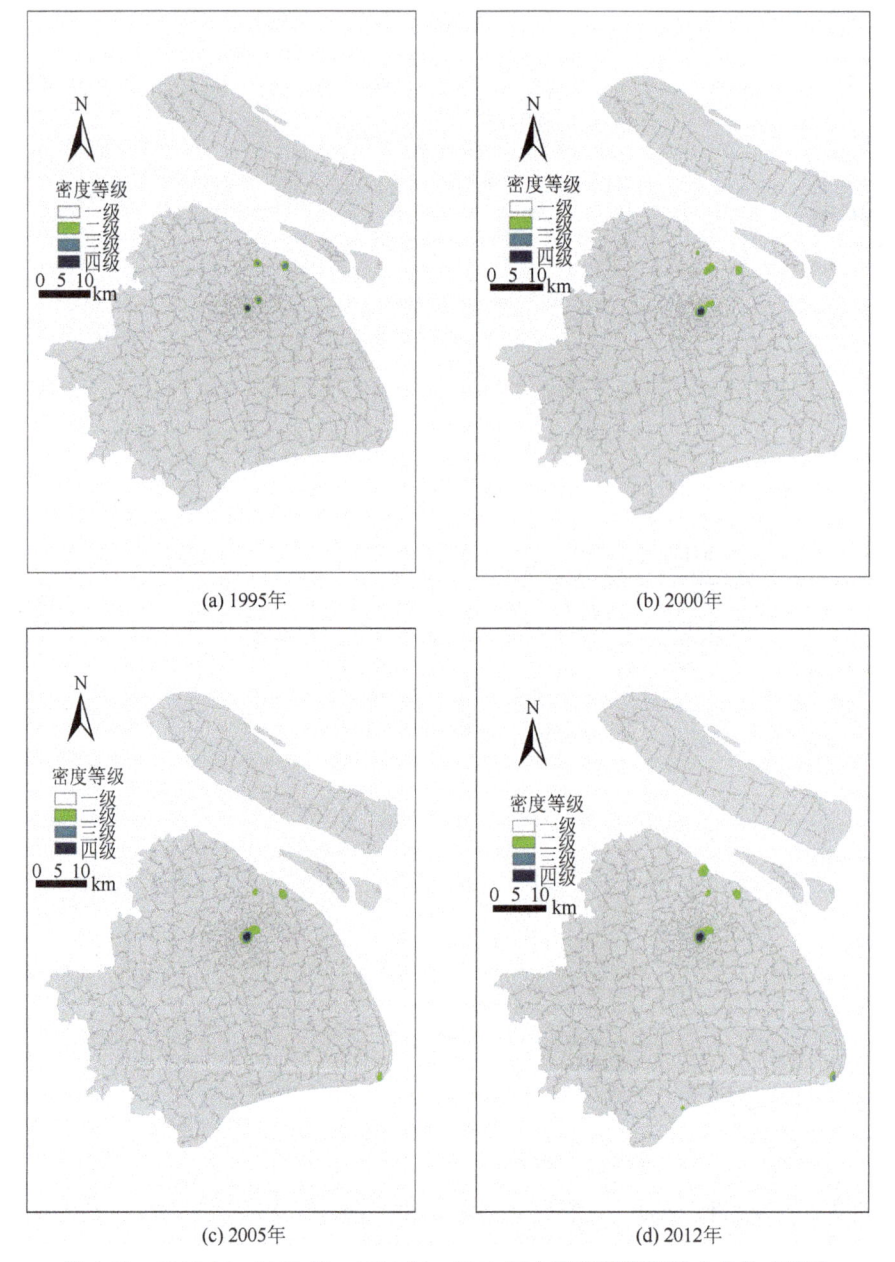

(a) 1995年

(b) 2000年

(c) 2005年

(d) 2012年

图 4-12　1995 年、2000 年、2005 年、2012 年大型集装箱运输企业热点演化

(a) 1995年　　　　　　　　　　(b) 2000年

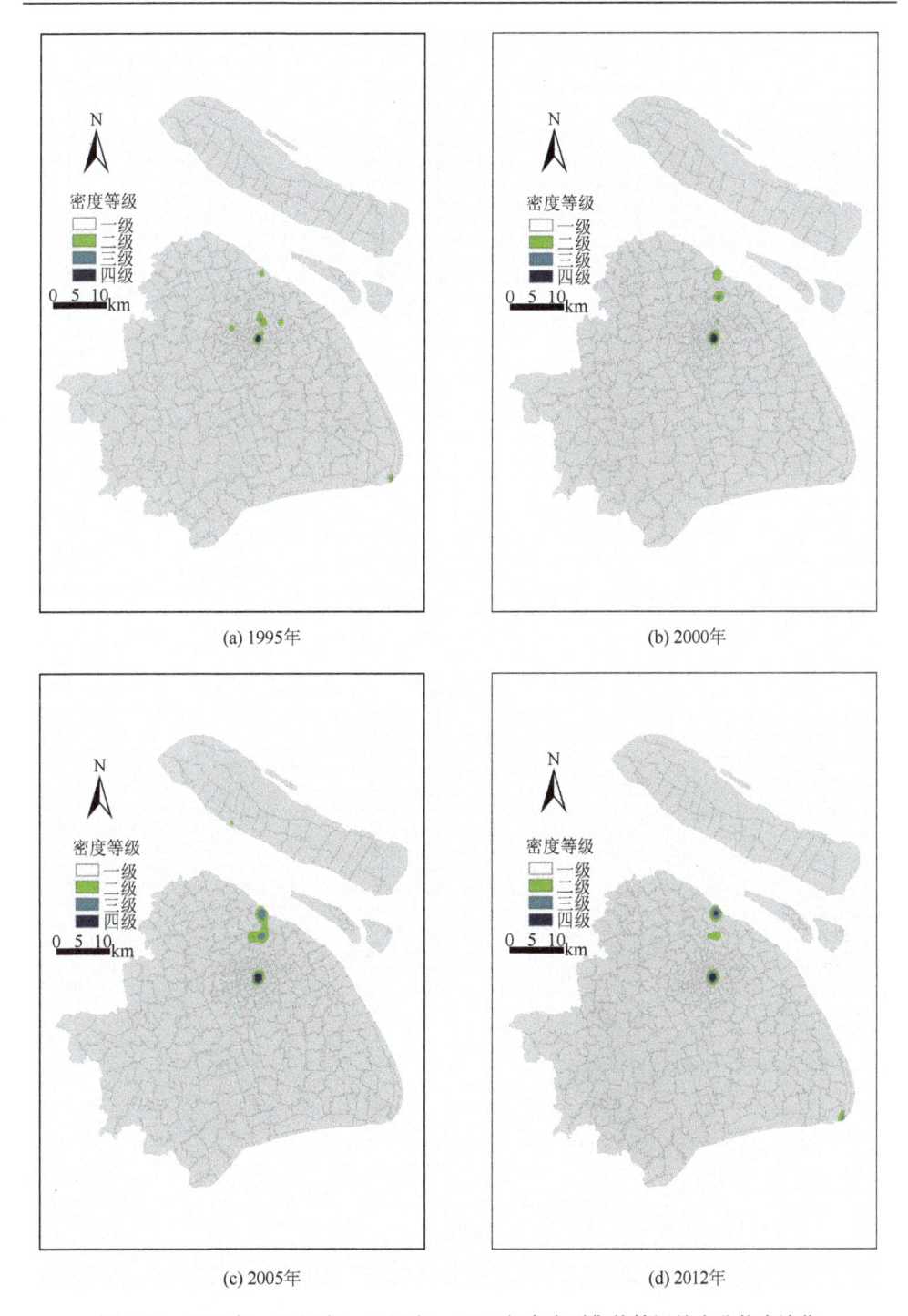

(c) 2005年　　　　　　　　　　(d) 2012年

图 4-13　1995 年、2000 年、2005 年、2012 年中小型集装箱运输企业热点演化

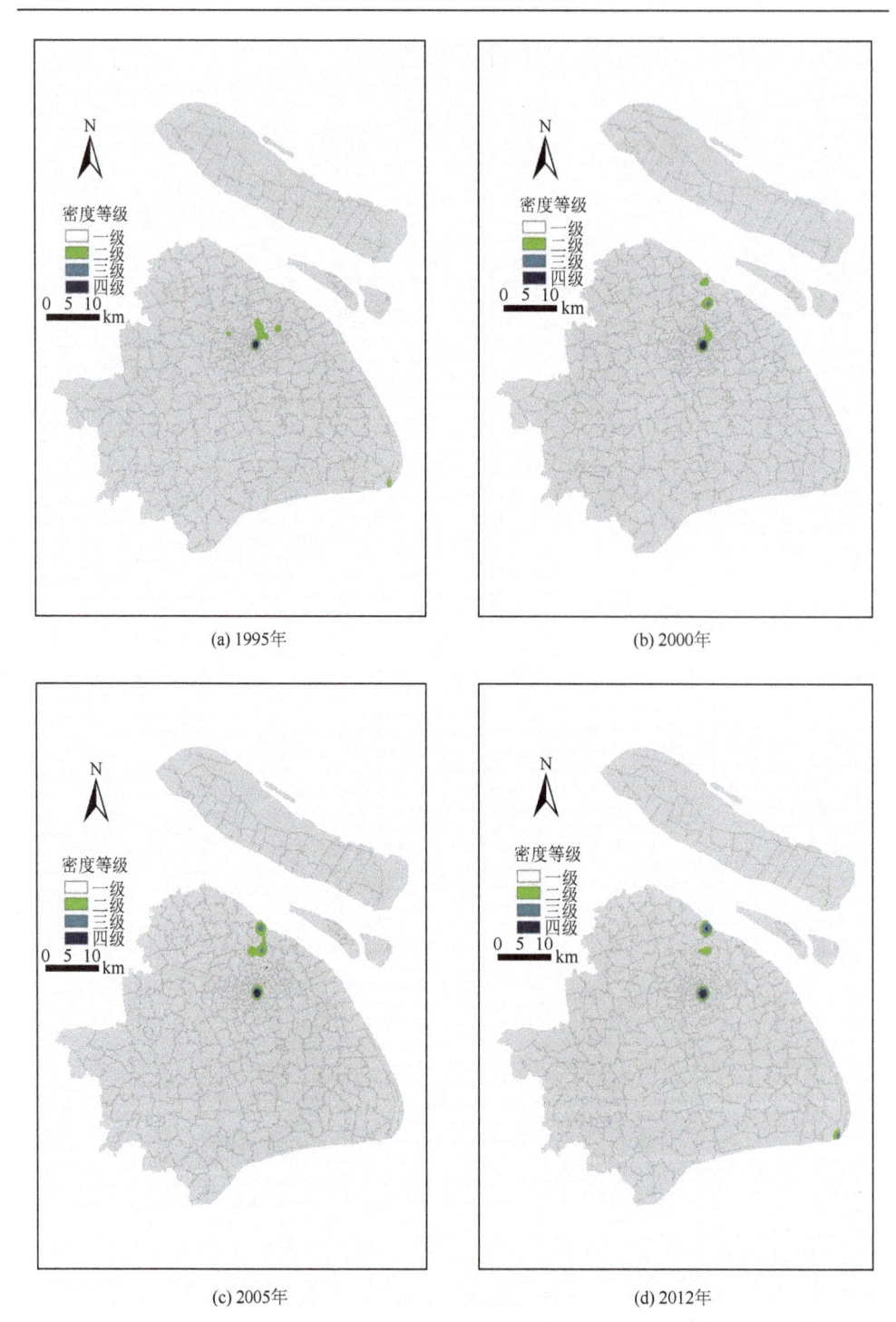

图 4-14　1995 年、2000 年、2005 年、2012 年内资型集装箱运输企业热点演化

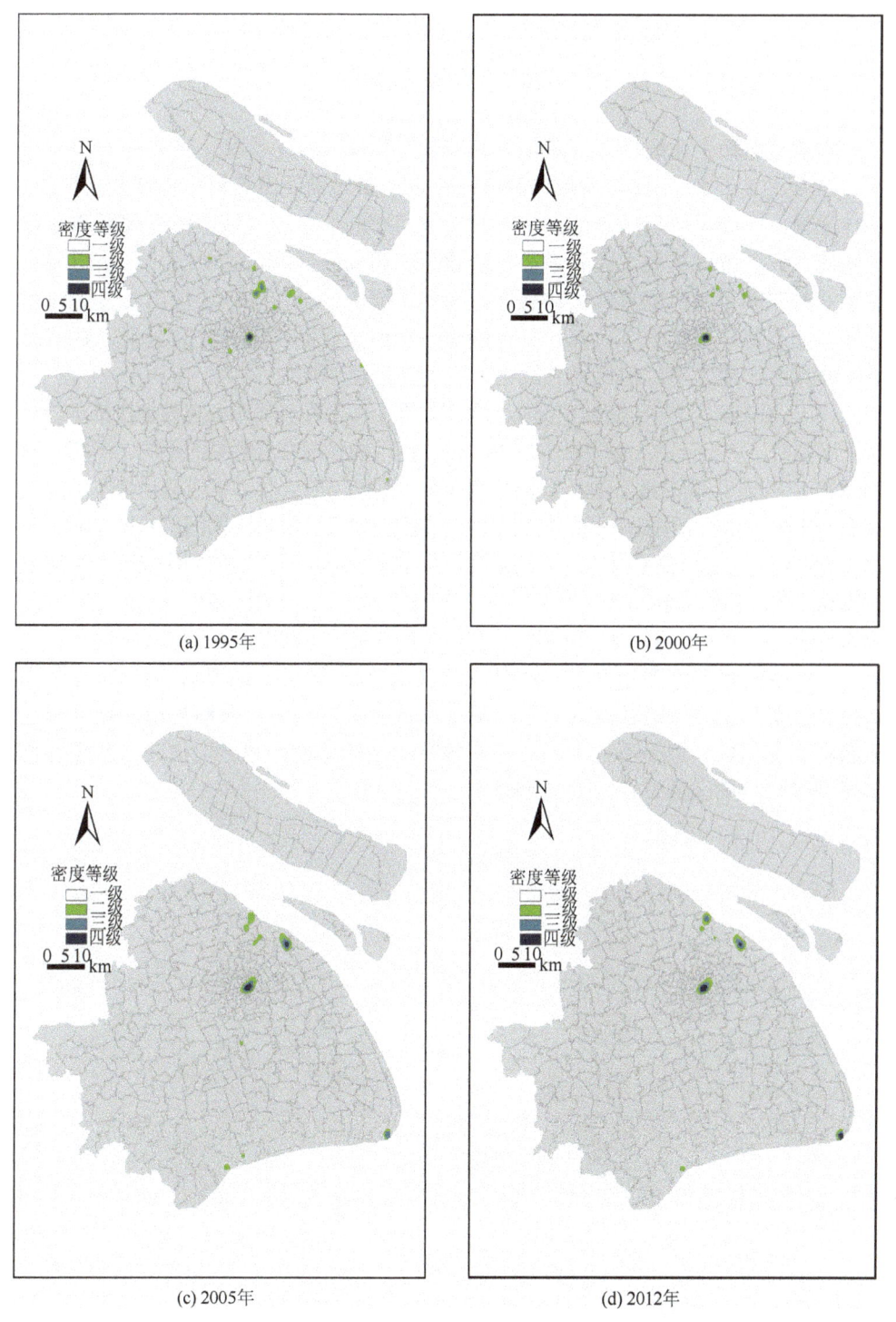

第 4 章 基于企业数据的港口后勤区域识别及演化

(a) 1995年　　　　　　　　　　　　　　(b) 2000年

(c) 2005年　　　　　　　　　　　　　　(d) 2012年

图 4-15　1995 年、2000 年、2005 年、2012 年外资型集装箱运输企业热点演化

4.4 小　　结

本章从运输企业的视角研究了上海港口后勤区域演化状况。研究显示：

（1）近15年来，上海市的港口物流企业空间布局表现出集聚化和郊区化特征。总体来说，中心城区仍然是港口物流企业空间布局的主要区域，但近郊区和远郊区物流企业所占比重呈现上升态势，企业空间布局的郊区化趋势明显。从两类物流企业的空间布局情况看，运输仓储型港口物流企业区位选择表现出明显的向郊区转移的态势。相比之下，综合服务型港口物流企业区位选择较为复杂，目前仍以中心城区布局为主，但已经表现出一定的郊区化倾向。

（2）上海市港口物流企业空间布局演化是在上海国际航运中心建设加快推进的背景下展开的，这与美国大都市区和国内其他案例区的状况有着明显的不同。围绕上海国际航运中心和国际大都市建设，港口资源配置功能不断强化，这直接加快了港口物流企业集聚。而城市内部各类商务集聚区（楼宇）建设、城市不同圈层发展方向引导以及城市内外部综合交通规划，则为各类港口物流企业向相关区位加快集聚产生明显的推动作用。相对而言，城市内部商务服务发展环境对综合服务型港口物流企业的区位影响较大，而区位条件及物流园区建设则对运输仓储型港口物流企业影响较大。

（3）围绕港口物流企业的集散特征，港口后勤区域发展呈现出现核心-外围模式特征；运用集装箱运输企业对港口后勤区域的分析发现，目前港口后勤区域的多核心正在形成，但是不同类型、不同规模集装箱运输企业区位指向的差异性直接导致港口后勤区域发育程度的差异。

第5章 上海和南京港港口后勤区域空间效应

作为一种新产业空间，港口后勤区域发展的空间效应主要表现为两个方面：其一是港口后勤区域利用优越的区位优势及后勤服务载体（主要是物流发展实体空间），通过物流信息及相关支撑平台对港口城市（腹地）货流及供应链条的优化作用，具体表现为港口后勤区域与城市的关联效应；其二是随着各类港口后勤区域建设，港口后勤区域周边地区土地利用状况、生态环境随之发生明显变化。本章主要从以上两个方面对上海和南京港港口后勤区域发展的空间效应展开探讨。

5.1 外高桥保税物流园区开发对土地利用结构的影响

保税物流园区是专门发展现代国际物流业的海关特殊监管区域，具备进区退税、区港联动、区内自由贸易等优惠政策。外高桥保税物流园区作为我国第一家"区港联动"（保税区与外高桥港区）的试点，其对土地利用的影响一方面通过园区开发建设表现出来；另一方面则通过带动与其有业务联系的港区发展，促进相关物流产业集聚作用，带动周边地区土地利用结构不断转变。

5.1.1 研究范围界定

外高桥保税物流园区毗邻外高桥一、二、三期码头，从其海运直通业务流程看（图5-1）[①]，其业务涉及周边外高桥一至五期码头；其四至范围为东连外高桥集装箱三期码头，西至外环线油管路岔道，南接外环线绿化带，北靠三海码头。为此，以上海市航空遥感平台数据库为基础数据（2003年、2005年、2010年），本章重点探讨A20路以东、上钦路—申东路以北、外高桥保税物流园区以南区域的土地利用变化情况，总面积18.16km²。具体研究范围如图5-2所示。

5.1.2 研究方法

与其他大型基础设施周边土地利用结构变化相似，外高桥保税物流园区周边土地利用结构突出地表现为不同用地类型在职能分化过程中表现出来的保持等质

---

① 上海外高桥保税物流园区网站. http://www.wblz.com.cn。

性、排斥异质的特性。从景观生态学的角度看，研究范围内的景观类型主要包括：①居住景观，主要指城镇居民的住宅小区和成片居民点；②工业仓储景观，主要指各类工矿企业、仓储及其附属设施；③交通景观，主要包括交通线路及港口货运站场等；④建筑工地景观，主要包括区域内各种在建、待建用地；⑤生态景观，主要包括园地、林地等农用地及河流水面。为此，本章将研究区域用地主要划分为居住、工业仓储、交通、生态用地及待建用地五种类型。

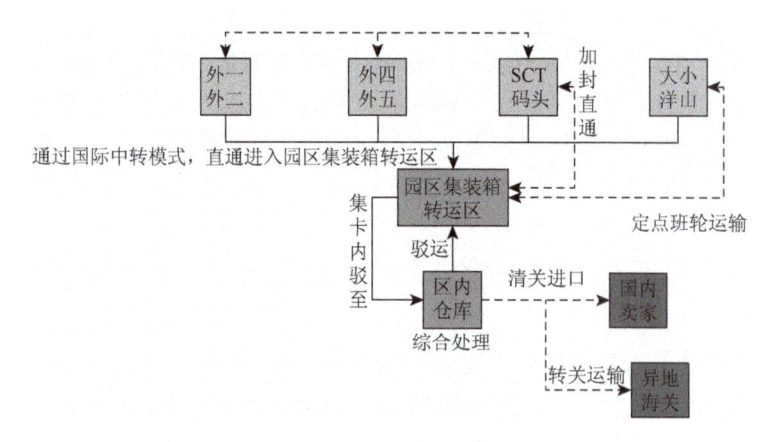

图 5-1 外高桥保税物流园区海运直通业务流程

图中外一、外二、外四、外五分别指外高桥一、二、四、五期码头

图 5-2 研究范围

参考城市土地利用的相关研究，引入信息熵函数及均衡度概念对保税物流园

区开发的周边土地利用结构变化作一分析。具体计算如下：

$$H = -\sum_{i=1}^{n} P_i \lg P_i \quad (5-1)$$

式中，H 为信息熵；P_i 为各类用地面积占研究区域土地总面积的百分比；n 为土地利用类型数量。熵值越高，表明土地利用类型越多，各用地类型面积相差越小；熵值越小，表明土地利用类型越少，各用地类型面积相差越大。

$$J = -\sum_{t} P_t \lg P_t / \lg n \quad (5-2)$$

式中，J 为均衡度，即实际熵值与最大熵值之比，均衡度越大，土地利用结构越复杂，反之亦然。与信息熵相比，此结果具有更好的数值直观性和可比性（赵晶等，2004）。

为了进一步研究区域内部不同区位土地利用结构的变化情况，本章将上述研究区域的矢量图形进行网格化处理，建立均质化地域方格网，选用 1km×1km 地块为基本评价单元，共计 34 个评价单元，且保证每一评价单元中的用地类型数大于 1，再运用式（5-2）对各评价单元作一测算。

5.1.3 外高桥保税物流园区开发对土地利用结构的影响特征

结合研究区域信息熵、均衡度的计算（表 5-1，图 5-3），外高桥保税物流园区开发对土地利用结构的影响特征主要表现为以下几方面。

1. 土地利用结构向非均衡状态发展

研究显示（表 5-1），2003 年以来研究区域的土地利用信息熵和均衡度均表现为下降态势，其中，信息熵由 2003 年的 1.5182 下降到 2010 年的 1.3532，均衡度则由 2003 年的 0.8182 下降到 2010 年的 0.6576。这显示 2003 年以来研究区域各用地类型面积差异增大，土地利用结构整体向非均衡化状态发展。这与已有基于上海及区县层次的土地利用信息熵和均衡度相关研究结果存在明显差异（冯永玖和刘妙龙，2007）。

表 5-1 研究区域土地利用构成及信息熵和均衡度变化[*]　（单位：%）

年份	2003	2005	2010
居住用地	9.29	7.9	7.46
工业仓储用地	13.44	15	17.6
交通用地	25	31.4	37.33
生态用地	35.44	31	29.8

续表

年份	2003	2005	2010
待建用地	16.83	14.7	7.81
信息熵	1.5182	1.4798	1.3532
均衡度	0.8182	0.8074	0.6576

*该表以各年份港口后勤区域实际面积计算

结合研究区域各类用地结构比例的分析可以发现，区域交通用地面积比例由2003年的25%持续上升至2010年的37.33%，港口集装箱堆场用地面积由2003年的3.7km²上升到2010年的6.64km²，增幅明显；居住用地和生态用地比例均表现为持续下降态势，其中居住用地面积所占比例由2003年的9.29%下降到2010年的7.46%，生态用地面积所占比例由2003年的35.44%下降到2007年的29.8%；待建用地比例迅速下降，其所占比例由2003年的16.83%持续下降到2010年的7.81%。

2. 土地利用结构随着距保税物流园区的距离变化而呈明显的差异性

对研究区域各单元2010年土地利用均衡度的计算显示（图5-3），基于1km×1km样本单元的土地利用结构随着距保税物流园区的距离远近而表现出明显的差异性。

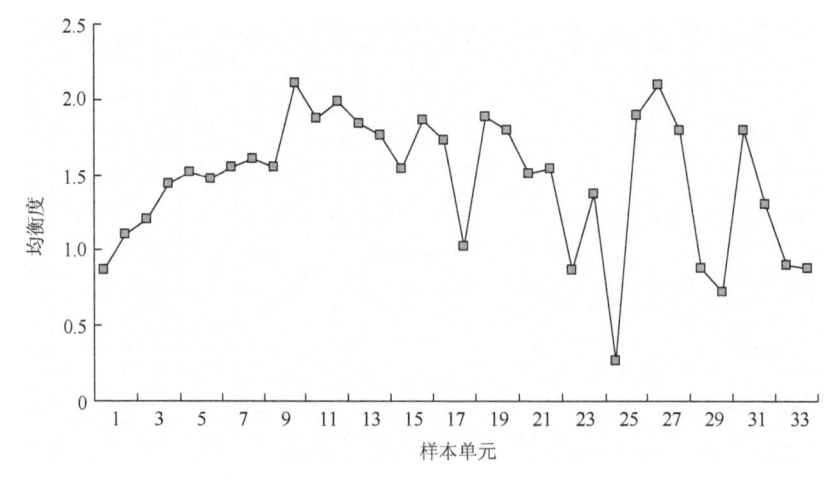

图5-3 各单元土地利用均衡度

总体看来，在第1～10号样本单元内，均衡度由0.8725上升到2.11365，上升幅度明显；在第 11~34 号样本单元，均衡度则表现出明显的波动态势。这显示在第 1~10 号样本单元内，距离保税物流园区（1 号研究单元）越近，各土地利用类型面积差别越大，土地利用结构趋向单一；在第 11~25 号样本单元内，均衡度由 1.8687 下降到 0.2432，下降态势明显，土地结构均衡性减弱；在第 26~34 号研究单元内，均衡度波动明显，土地利用结构差异较大。

5.2 龙潭港口后勤区域建设对周边土地开发利用的影响

在全球供应链背景下，随着物流一体化发展需求的上升及港口辐射范围的扩大，港口功能正发生显著变化。港口已逐步从单纯的海陆运输节点演变为集转接、运输、生产、加工、服务、金融等生产服务于一体的多功能中心（Notteboom and Rodrigue，2005）。在此背景下，南京港的港口后勤区域得到快速发展，一方面码头库场总面积由 1995 年的 77.5 万 m^2 持续上升到 2010 年的 288.85 万 m^2，年均增加 14.1%；另一方面以龙潭保税物流中心为核心的现代港口后勤区域初步形成。为此，以龙潭港口后勤区域为例，利用多期影像数据对龙潭港口后勤区域建设的土地开发利用影响作一评价。

5.2.1 港口后勤区域建设对土地综合利用程度的影响

1. 研究范围的确定

沿江土地开发受到城镇、产业、港口开发等多种因素的影响，合理界定陆域研究范围是正确分析港口后勤区域建设效应的关键。借鉴港口工程学的相关成果，对陆域研究范围做出界定。

从港口工程学的角度看，港区陆域即港区驳岸线顶点至后围墙线的范围，按功能区划分可分为生产作业区、辅助生产区、管理与辅助生活区，其中港口后勤区域（库场）是港区作业区的有机组成部分。港区陆域纵深表现出快速演变的过程，具体表现为三个阶段（田佐臣，2007）：20 世纪七八十年代集装箱运输刚刚起步，港区陆域纵深多在 300m 左右；90 年代，对外贸易量及集装箱外贸运输需求迅速上升，集装箱码头建设得到快速发展，陆域纵深多为 500~600m；20 世纪末至今，集装箱船舶大型化与运输干线化和网络化趋势日益明显，这对港口设施及功能提出更高的要求，码头堆场面积大大增加，陆域纵深达 900~1200m。具体每延米[①]码头设计通过能力与陆域纵深的关系见表 5-2。

---

① 延米即延长米，是用于统计或描述不规则的条状或线状工程的工程量。

表 5-2　每延米码头设计通过能力与陆域纵深的关系

每延米码头设计通过量/TEU	确定陆域纵深取用系数
1100~1300	0.85~0.81
1301~1500	0.8~0.76
1501~1700	0.75~0.71
1701~1900	0.7~0.66
1901~2100	0.65~0.61

资料来源：田佐臣，2007

目前，南京港集装箱码头泊位主要布局在新生圩港区和龙潭港区，根据《南京港总体规划》，未来南京集装箱码头泊位将集中布局在龙潭港区一、四、六期，各期工程每延米码头设计通过能力分别为1099TEU/m（岸长910m，吞吐能力100万TEU）、1071TEU/m（岸长1400m，吞吐能力150万TEU）和1648TEU/m（岸长910m，吞吐能力150万TEU）。据此，龙潭港区平均每延米码头设计通过能力为1242TEU/m（岸长3220m，吞吐能力400万TEU），参考表5-2，龙潭集装箱码头陆域纵深为1006~1236m。考虑龙潭保税物流中心与新生圩港区的业务联系，选取南京长江二桥下游沿江1km、1.5km和2km陆域作为研究范围。

2. 数据来源及方法

本章所用数据源为南京1995年、2000年30m分辨率的TM影像及2010年10m分辨率的SPOT卫星影像解译数据。首先分别以各行政单元1∶10 000地形图为基准，对影像进行几何校正，校正误差小于1个像元，投影方式为地理经纬度投影。在此基础上，运用ArcGIS10软件的Analysis tools相关模块分别实现研究范围内相关土地利用信息的提取，如图5-4所示。

为了研究港口后勤区域建设对周边土地综合利用程度的变化，对上述研究区域进行1km×1km网格划分，借鉴土地利用程度综合指数（庄大方等，1997），分别对各网格的土地利用综合程度进行分析，具体如下：

$$L_a = 100 \times \sum_{i=1}^{n} A_i \times C_i \qquad L_a \in [100, 400] \qquad (5\text{-}3)$$

式中，L_a为土地利用程度综合指数，综合指数的大小反映了土地利用程度的高低；A_i为第i级土地利用程度分级指数；C_i为第i级土地利用程度分级面积百分比。土地利用程度分级指数划分如下：未利用土地分级指数为1；林地、草地、水域分级指数为2；农业用地（耕地、园地、人工草地）分级指数为3；建设用地分级指数为 4。在此基础上，构建土地利用程度动态指数 ΔL_i，用以研究土地利用程度在时间上的变化，公式如下：

$$\Delta L_i = L_{i_t} - L_{i_{t-1}} \tag{5-4}$$

式中，L_{i_t} 为网格 i 在 t 年的土地利用程度综合指数；$L_{i_{t-1}}$ 为网格 i 在 $t-1$ 年的土地利用程度综合指数。ΔL_i 值为正说明该单元土地利用程度不断提高，开发利用程度不断加大，反之亦然。具体计算结果如图 5-5 所示。

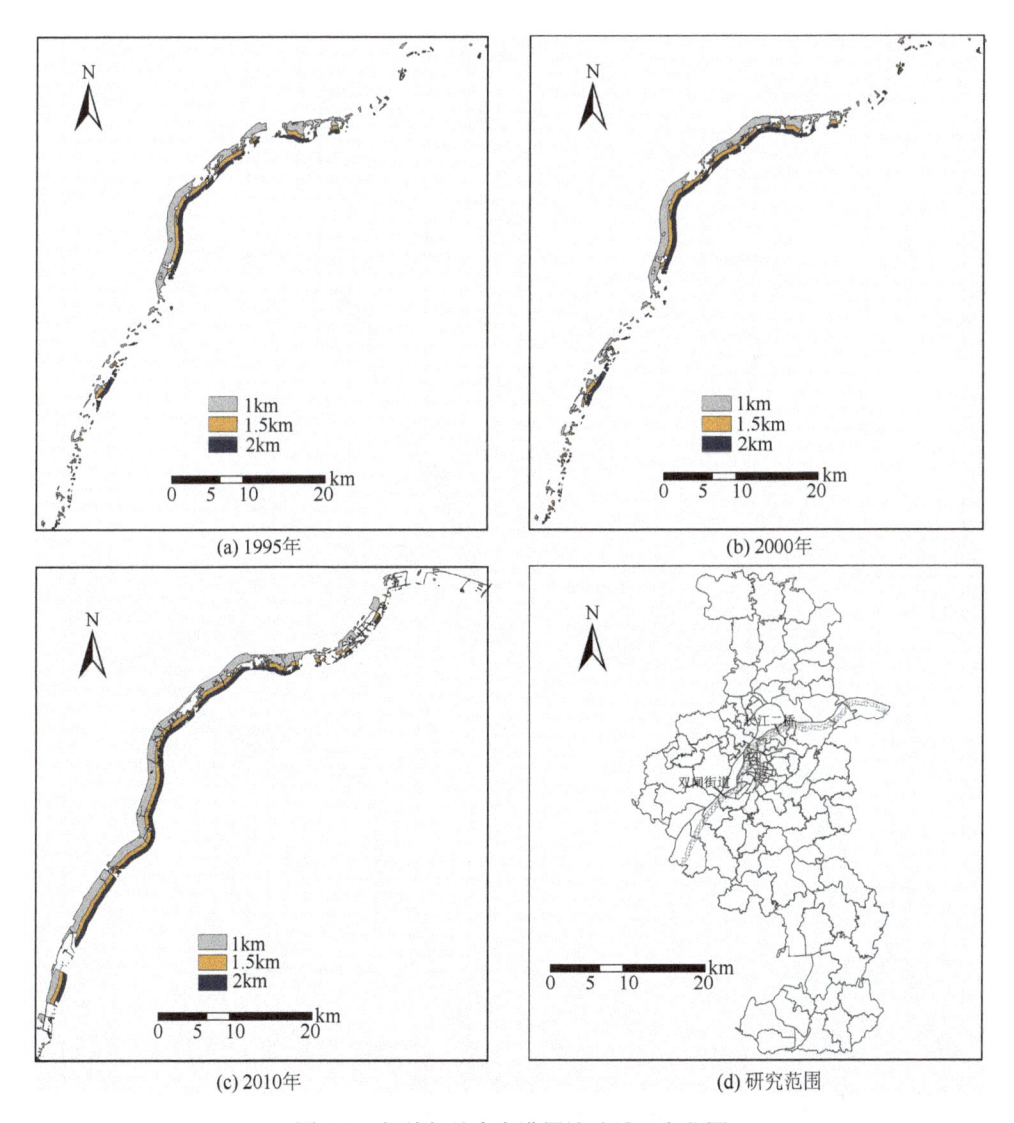

(a) 1995年

(b) 2000年

(c) 2010年

(d) 研究范围

图 5-4　相关年份南京港周边陆域研究范围

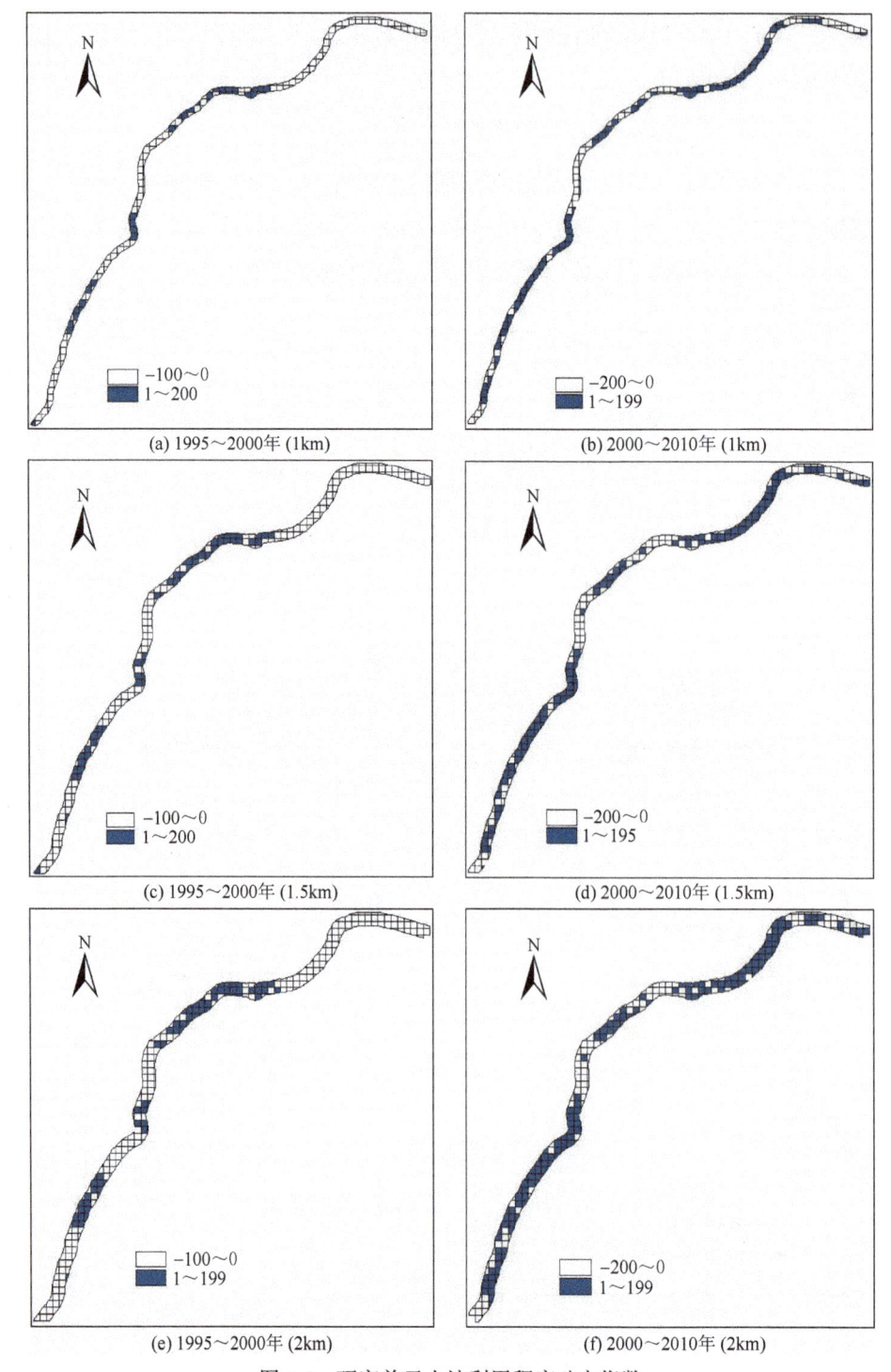

(a) 1995~2000年 (1km) (b) 2000~2010年 (1km)
(c) 1995~2000年 (1.5km) (d) 2000~2010年 (1.5km)
(e) 1995~2000年 (2km) (f) 2000~2010年 (2km)

图 5-5　研究单元土地利用程度动态指数

3. 港口后勤区域建设对土地综合利用程度的影响特征

利用 Pearson 相关系数对 2km 范围内的土地利用程度综合指数与库场面积的相关性分析显示，两者的 Pearson 相关系数达到 0.68，相关系数检验的概率 P 值近似为 0，这两个量度存在线性相关关系。因此可以这样认为，研究范围内的土地利用变化与港口后勤区域开发存在密切的相互关系，港口后勤区域开发是该区域土地利用变化的重要因素。为此，分别以双闸街道和长江二桥为主要分界点，将南京南岸沿江土地划分为双闸街道（秦淮新河口）以上、双闸街道至长江二桥以及长江二桥以下三段，考虑双闸街道（秦淮新河口）至长江二桥主要为融商贸、生活休闲与滨江风貌为一体的城市发展岸段。为此，主要以另两段沿江土地为研究样本，不同地域范围内其土地利用变化特征可以归纳为以下几方面。

土地综合利用程度随着港口后勤区域的建设不断提高。不同年份、缓冲带范围内研究单元土地利用程度动态指数的计算显示（表 5-3），近 18 年来，宜港岸线及港口周边土地综合利用程度发生明显变化，且随时间的变迁有扩大趋势。例如，1995~2000 年长江二桥以下 1km 缓冲区范围内，土地利用程度动态指数为正的研究样本单元为 15 个，2000~2010 年相同研究范围内的土地利用程度动态指数为正的研究样本单元达到 50 个，其中龙潭港区的建设是该区域土地利用变化的主要原因。双闸街道（秦淮新河口）以上岸段 1km 缓冲范围内，相关区域在 1995~2000 年土地利用程度动态指数为正的研究样本单元 13 个，2000~2010 年研究样本单元达到 43 个，板桥港区建设及其相关产业布局成为该段土地利用动态变化的主要因素。

表 5-3 南京沿江正向土地利用程度动态指数单元数汇总　　（单位：个）

沿江岸段	1km		1.5km		2km	
	1995~2000 年	2000~2010 年	1995~2010 年	2000~2010 年	1995~2000 年	2000~2010 年
双闸街道以上	13	43	21	48	22	56
长江二桥以下	15	50	20	59	28	71

土地综合利用随着港口后勤区域的建设表现出明显的轴向特征。1995~2000 年长江二桥以下 1km 缓冲区范围内，正向土地利用程度动态指数研究样本单元为 15 个，1~1.5km 内的研究样本单元为 5 个，1.5~2km 内的研究样本单元为 8 个；

2000～2010年上述各范围内，研究样本则分别为50个、9个和12个，两个时段间各范围内的研究样本变化分别为35个、4个和4个；1995～2000年双闸街道以上岸段1km缓冲区范围内，正向土地利用程度动态指数研究样本单元为13个，1～1.5km内的研究样本单元为8个，1.5～2km内的研究样本单元为1个；2000～2010年上述各范围内，研究样本则分别为43个、5个和8个，两个时段间各范围内的研究样本变化分别为30个、3个（减少）和7个。南京沿江港口周边土地利用程度动态变化在一定范围内表现出"U"形特征，港口建设及周边土地开发利用表现为一定的边界效应，这从另一方面佐证前述基于港口吞吐规模、岸线长度确定的港口陆域范围。

综上分析，土地综合利用随着传统港口后勤区域开发而呈明显的轴向特征。1995～2010年，1km范围内土地开发强度不断加大；在1～1.5km范围内，土地利用程度动态指数为正的样本减少，土地开发强度不断降低；在1.5～2km范围内，土地开发强度又不断加大。

5.2.2　港口后勤区域建设对建设用地空间结构的影响

相关区域建设用地空间结构变化是港口后勤区域建设的最直观表达。考虑土地综合利用所呈现的"轴"向特征，下面主要对1km和1.51km研究范围内的建设用地空间结构演变作一分析。

1. 研究思路与方法

首先以南京1995年、2000年30m分辨率的TM影像及2010年10m分辨率的SPOT卫星影像解译数据为基础，对1km和1.5km范围内的建设用地信息进行提取；考虑到研究区域形状的特殊性，分别对研究区域做1km×1km网格，并运用ArcGIS相关模块将建设用地切分到具体网格，以此作为分析的基本样本单元。

借鉴城市内部空间结构研究的相关方法，引入分形方法对每一个基本样本单元内部建设用地空间结构展开分析。考虑相关分析法（correlation analysis）、半径法（radial analysis）、膨胀法（dilation analysis）、格网法（grid analysis）和高斯卷积分析（Gauss convolution）等分形方法适用空间尺度、研究对象及效果等的差异（表5-4）（车前进，2008），选取相关分析法对样本单元内部的建设用地空间结构展开分析，具体如下。

表 5-4　各类分形方法适合的范围以及研究的对象

方法	局部分析	全局分析	边界分析	面域分析
半径法	好	好	差	好
相关分析法	好	好	好	好
膨胀法	一般	一般	好	差
格网法	一般	一般	一般	一般

相关分析法是以边长为 ε 的像元为基础，首先计算每一样本单元内部建设用地斑块中所包含的像元数量 $N_I(\varepsilon)$，这一数量被称作"相关数量"，计算所有的相关数量以后，其平均数量可知，即 $N(\varepsilon)=\sum N_I(\varepsilon)/I$。通过改变 ε 的尺度，对上述步骤进行迭代运算，进而得出 N 与 ε 之间的关系，即满足 $N(\varepsilon)\infty\varepsilon^D$。一般而言，$D_c$ 位于 0~2，当 $D_c \to 0$ 时，表明样本单元建设用地高度集中于一点；当 $D_c \to 1$ 时，表明样本单元建设用地呈线状布局；当 $D_c \to 2$ 时，表明样本单元建设用地空间分布均匀，接近于矩形、圆形等规则形状。

2. 港口后勤区域周边建设用地空间结构演化特征

通过运用相关分析法对 1995 年、2000 年和 2010 年沿江 1km、1.5km 范围内的样本单元建设用地分形维数的计算（图 5-6，图 5-7），港口后勤区域周边建设用地空间结构演变特征主要表现为以下几方面。

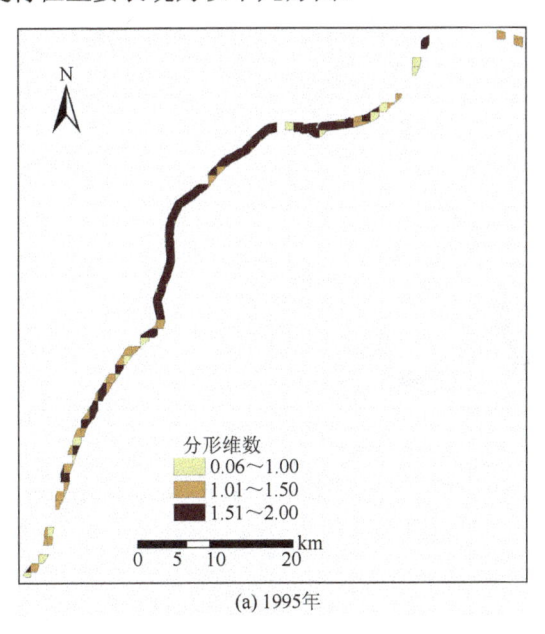

(a) 1995年

(b) 2000年

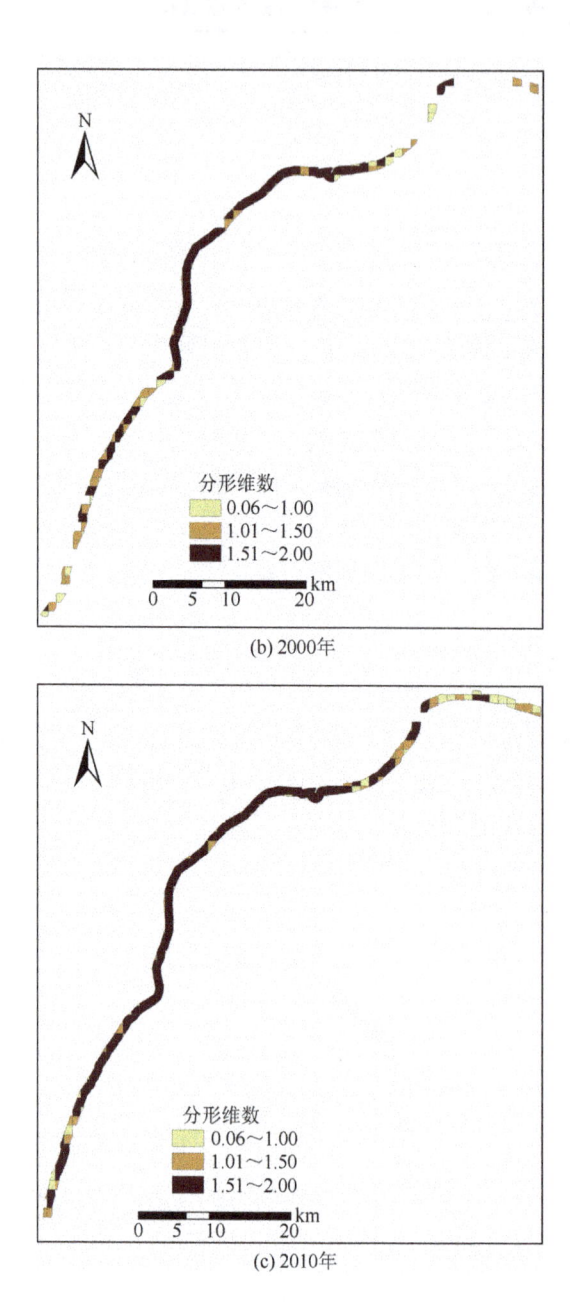

(c) 2010年

图 5-6　1km 范围内研究样本建设用地分形维数

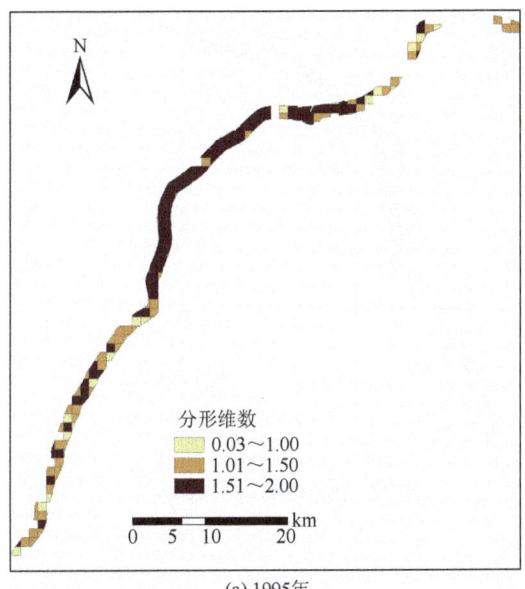

(a) 1995年

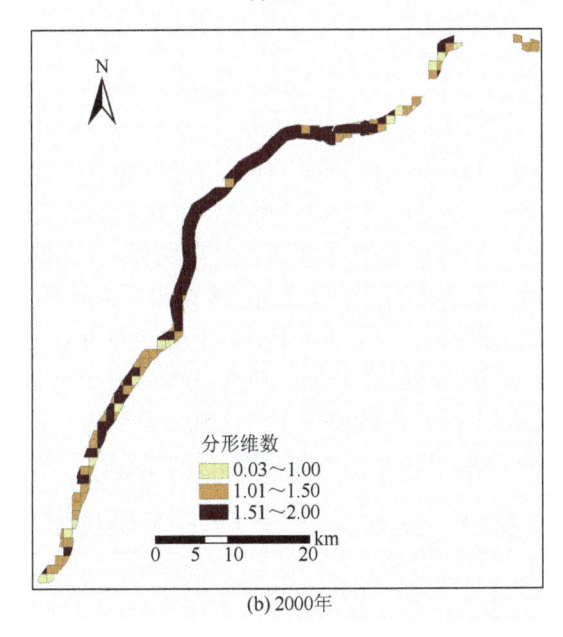

(b) 2000年

(c) 2010年

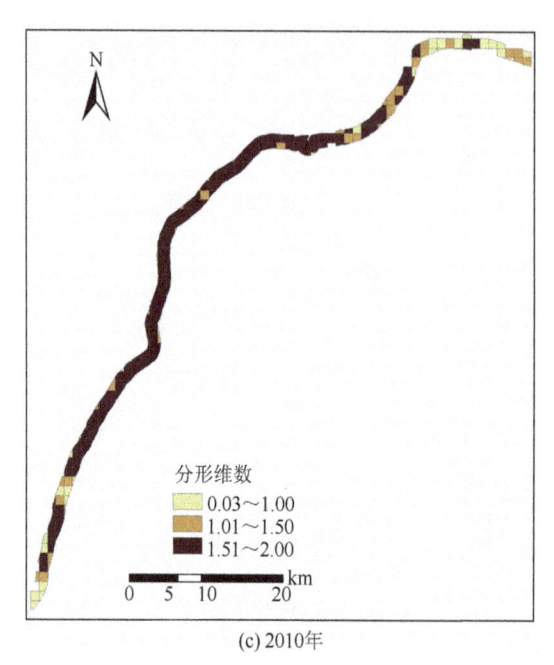

图 5-7　1.5km 范围内研究样本建设用地分形维数

建设用地扩展呈明显的蔓延态势。统计分析显示（表 5-5），陆域 1km 研究范围内建设用地分形维数（D_c）大于 1.5 的样本数量由 1995 年的 70 个增长到 2010 年的 108 个；1.5km 范围内建设用地分形维数大于 1.5 的样本数量则由 1995 年的 92 个增长到 2010 年的 145 个。这表明，研究区域内建设用地空间分布越来越均匀，样本数量不断增加，建设用地空间扩展整体呈蔓延态势。

港口后勤区域对周边建设用地的影响地域差异明显。结合表 5-5 的统计分析，陆域 1km 范围内是港口后勤区域对建设用地影响最显著的区域。例如，在 1~1.5km 范围内，建设用地的分形维数大于 1.5 的研究样本数分别为 22 个、26 个和 37 个，均远小于 1km 范围内的相应尺度样本数量。这表明港口后勤区域建设对周边建设用地的影响主要集中在陆域 1km 范围内；在 1~1.5km 范围内，各样本单元的建设用地扩展强度减弱。这与沿江物流中心发育及港口开发程度存在明显的相关性。

表 5-5　建设用地分形维数大于 1.5 的单元数量　　　　（单位：个）

范围	1995 年	2000 年	2010 年
1km	70	76	108
1.5km	92	102	145

5.3　外高桥保税区与上海市的关联效应

港口后勤区域与城市关联系统是一个开放性、非线性的复杂系统，区域物流发展需求及供给情况的变化是促使两者紧密联系的纽带，但其背后还有深刻而复杂的社会经济背景；港口城市发展促进了港口后勤区域的发展，港口后勤区域通过其在物流供应链中的功能完善反过来又带动城市产业，进而带动港口城市发展。图 5-8 反映了港口后勤区域与城市之间经济、资源、环境相互渗透、相互融合、相互依赖的有机网络联系。

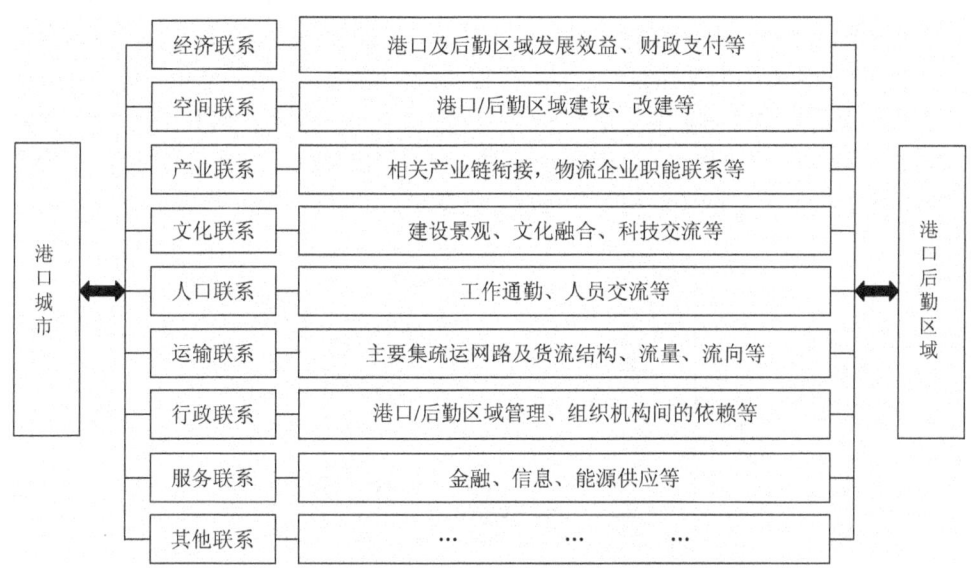

港口城市 ↔	经济联系	港口及后勤区域发展效益、财政支付等	↔ 港口后勤区域
	空间联系	港口/后勤区域建设、改建等	
	产业联系	相关产业链衔接，物流企业职能联系等	
	文化联系	建设景观、文化融合、科技交流等	
	人口联系	工作通勤、人员交流等	
	运输联系	主要集疏运网路及货流结构、流量、流向等	
	行政联系	港口/后勤区域管理、组织机构间的依赖等	
	服务联系	金融、信息、能源供应等	
	其他联系	… … …	

图 5-8　港口后勤区域与城市关联模式

5.3.1　研究方法与数据来源

1. 数据来源

考虑到相关港口后勤区域功能主体发育程度及资料的可获取性，本章主要对 1995 年以来外高桥保税区发展演化的城市关联效应作一探讨。数据主要来自《新中国城市五十年》《中国城市统计年鉴》(1995-2011)、《上海统计年鉴》(2000-2011)、《上海年鉴》(1996-2011) 以及 1996-2007 年外高桥保税区发展统计公报、2011 年度上海综合保税区经济发展统计公报。

2. 方法及指标选择

进行港口后勤区域（港口）同港口城市（腹地）关联发展效应的实证分析，构建评估模型是一条有效途径。作为一个复杂的关系网络，在不同的社会经济发展阶段，港口后勤区域（港口）同港口城市（腹地）关联发展的程度及作用方式有所不同。例如，Ducruet 和 Jeong（2005）对港口功能和城市功能的关系矩阵及陈航等（2009）的研究可以发现，城市功能与港口功能组合大致可以划分为 9 种类型（图 5-9），图中第一根对角线表示一个从港口小镇到全球枢纽港口大都市的过程；第二根对角线则表示从城市功能较弱的枢纽型港口到港口功能较弱的大都市，两条对角线的交点代表港口功能和城市功能平衡点的组合，但几乎没有港口城市可以到这个平衡点的理想状态。此外，港口后勤区域（港口）与城市作用的过程中，许多因素间的关系是灰色的，指标间的信息既不完全独立也不完全重复，很难用相关系数比较精确地度量相关程度的客观大小。为此，研究采用灰色关联分析法（徐建华，2002），通过建立能全面反映保税区同港口城市各因子相互作用的关联分析模型来定量评价相互间关联发展效应。

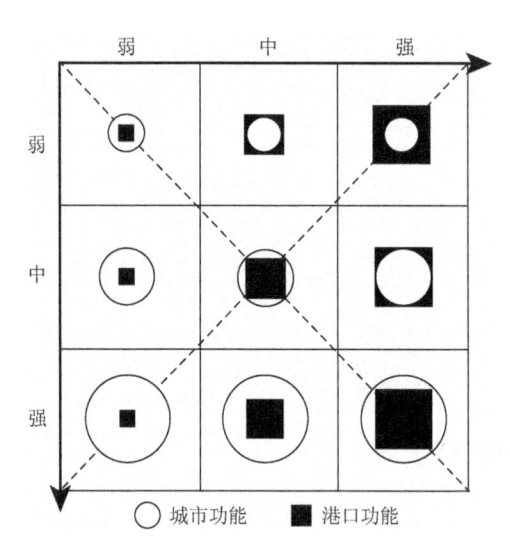

图 5-9　港口功能与城市功能关系组合类型

资料来源：陈航等，2009

保税区同港口城市关联发展评价主要遵循以下原则：①科学性，指标的选取要建立在科学的基础之上，能较客观、真实地反映系统发展的状态和各指标间的联系；②可行性，指标内容要简单明了、容易获取，有代表性和典型性并含有较大信息量；③完备性，要求指标体系的覆盖面广，能综合反映保税区与城市关联发展的各个层面；④动态性，指标体系能综合反映保税区与城市关联发展的不同阶段，能较好地描述、刻画与度量未来的发展趋势（毛汉英，1996）。

统筹外高桥保税区同城市关联发展的主要模式，本章将外高桥保税区与城市关联系统分解为外高桥保税区、城市两个子系统，并在此基础上设计了一套以测定关联水平为目标的指标体系（表 5-6）。其中，$X_1 \sim X_4$ 主要表征系统间的经济联系，$X_5 \sim X_6$ 主要反映相互间的运输及物质联系，$X_7 \sim X_9$ 则从服务联系角度进行反映，$X_{10} \sim X_{11}$ 主要代表人口联系，X_{12} 主要用来反映生态环境方面的信息。外高桥保税区选取的指标则相对复杂，其中 X_{13}、X_{14} 主要表征外高桥保税区物流量，以外高桥港区相应年份的发展指标来代替；X_{15} 代表外高桥保税区发展的主要经济指标；$X_{16} \sim X_{18}$ 则分别从外高桥保税区实际建设规模、相关产业发展规模等角度表征，又可分别从空间角度对城市的相关指标产生影响。需要指出的是，上述各指标的划分只是相对的，不同指标所反映的信息存在一定的灰度。作为一个复杂的系统，外高桥保税区及港口城市关联发展内涵丰富，综合评价指标之所以选取 12 项城市指标、6 项外高桥保税区指标，在遵循上述①、③、④条原则的基础上，主要考虑了操作的可行性。

表 5-6　外高桥保税区与城市关联效应的综合评价指标体系

序号	指标变量	指标内容	序号	指标变量	指标内容
1	X_1	人均 GDP	10	X_{10}	城市化率
2	X_2	第三、第二产业产值比	11	X_{11}	社会从业人员数量
3	X_3	城市固定资产投资额	12	X_{12}	人均园林绿地面积
4	X_4	外贸进出口总额	13	X_{13}	港口货物吞吐量
5	X_5	城市货运总量	14	X_{14}	集装箱吞吐量
6	X_6	路网密度	15	X_{15}	港口后勤区域 GDP
7	X_7	人均邮电业务量	16	X_{16}	封关面积
8	X_8	城市社会消费品零售总额	17	X_{17}	仓储及物流企业数量
9	X_9	第三产业产值	18	X_{18}	仓储面积

3. 模型构建

因为各指标的原始数据量纲不同，在进行关联分析之前，必须进行无量纲化处理和标准化处理，研究采用均值化处理得到各指标的标准化值。从分析相关二级指标关联入手，构建外高桥保税区与城市发展的关联度公式，公式如下：

$$\xi_{ij}(t) = \frac{\varDelta_{\min} + k\varDelta_{\max}}{\varDelta_{ij}(t) + k\varDelta_{\max}} \qquad (t = 1, 2, \cdots, m) \tag{5-5}$$

式中，$\xi_{ij}(t)$ 为城市（外高桥保税区）指标 x_j 对外高桥保税区（城市）指标 x_i 在 t 时刻的关联系数，$\dfrac{1}{1+k}\left(k + \dfrac{\varDelta_{\min}}{\varDelta_{\max}}\right) \leqslant \xi_{ij}(t) \leqslant 1$；$\varDelta_{ij}(t) = |x_i(t) - x_j(t)|$；$\varDelta_{\max} = \max\limits_{j} \max\limits_{i} \varDelta_{ij}(t)$；

$\varDelta_{\min} = \min_j \min_i \varDelta_{ij}(t)$；$x_i(t)$ 和 $x_j(t)$ 分别为外高桥保税区、城市各二级指标均值标准化值。

k 为分辨系数，其取值区间为[0，1]，取值遵循如下原则（吕锋，1997）：①充分体现关联度的整体性；②具有抗干扰作用，即在系统因子的观测序列出现异常值时，能够抑制、削弱对结果的影响。在计算过程中，k 的具体取值根据式（5-6）随机生成。

$$\begin{cases} \epsilon_\varDelta \leqslant k \leqslant 1.5\epsilon_\varDelta & \varDelta_{\max} > 3\varDelta_v \\ 1.5\epsilon_\varDelta < k \leqslant 2\epsilon_\varDelta & \varDelta_{\max} \leqslant 3\varDelta_v \end{cases} \quad (5\text{-}6)$$

式中，$\varDelta_v$ 为所有二级指标差值绝对值的均值；$\epsilon_\varDelta$ 为所有二级指标差值绝对值的均值与最大值的比值，即 $\epsilon_\varDelta = \varDelta_v / \varDelta_{\max}$。

外高桥保税区与港口城市各指标关联系数 $\xi_{ij}(t)$ 构成关联矩阵 $\varGamma$，反映了外高桥保税区与城市要素间相互作用的错综关系，通过比较各个关联度系数的大小，可以分析要素间关联的密切程度；在关联矩阵 $\varGamma$ 的基础上，分别按行或列求其平均值（傅立，1992），如式（5-7），根据其大小可以筛选出城市与外高桥保税区间的主要影响因素。

$$\begin{aligned} d_i &= \frac{1}{n}\sum_{j=1}^{n} r_{ij} \\ d_j &= \frac{1}{n}\sum_{i=1}^{m} r_{ij} \end{aligned} \quad (i=1,2,\cdots,m; j=1,2,\cdots,n) \quad (5\text{-}7)$$

为了从整体上刻画外高桥保税区与城市关联强度的大小，在式（5-5）的基础上构建均值关联模型式（5-8），并据此式求出均值关联度来综合反映某一时刻外高桥保税区与城市关联发展的程度。

$$r(t) = \frac{1}{m \times n}\sum_{i=1}^{m}\sum_{j=1}^{n}\xi_{ij}(t) \quad (m=12, n=6) \quad (5\text{-}8)$$

式中，m，n 分别为反映城市与外高桥保税区子系统发展水平的二级指标数量，$0 < r(t) \leqslant 1$。若取最大值 $r(t)=1$，则说明外高桥保税区与城市两个子系统间的变化规律完全相同，两个子系统间的关联作用最强；若 $0 < r(t) < 1$，则说明两子系统间有关联性，且 $r(t) \to 1$ 时，关联发展效应趋于强化，$r(t) \to 0$ 时，关联发展效应趋于弱化。根据 $r(t)$ 变化的具体值域范围，参考已有的港城关联相关成果（梁双波等，2007），又可做进一步划分，本书设定当 $0 < r(t) \leqslant 0.35$ 时，相互间的关联程度为弱；当 $0.35 < r(t) \leqslant 0.65$ 时，关联程度为中等；当 $0.65 < r(t) \leqslant 0.9$ 时，关联发展程度为较强；当 $0.9 < r(t) \leqslant 1$ 时，关联发展程度为极强。

5.3.2 外高桥保税区与城市关联效应的动态变化特征

结合相关功能区发展实际,可以梳理出近 16 年来外高桥保税区与城市关联发展效应变化的一些主要线索。

1. 外高桥保税区与城市关联效应的总趋势是趋于强化

近 16 年来,外高桥保税区与城市关联发展效应发生了显著变化(图 5-10)。计算结果显示,外高桥保税区与城市关联发展的均值关联度从 1995 年的 0.663 81 上升到 2010 年的 0.704 56,上升幅度明显,这表明外高桥保税区与城市关联发展效应动态变化的总趋势是趋于强化。统计显示,上述时段内外高桥保税区经济效益、发展规模不断扩大,2010 年实现主营业务收入 93.31 亿元,临近港区货物吞吐量由 1995 年的 226.2 万 t 上升到 2010 年的 1.36 亿 t,年均增长 31.4%,远高于整个港口同时段的吞吐量增长速度,拉动效应明显。与此同时,城市发展实力的提升、上海国际航运中心建设的加速以及相关物流发展政策的实施,又极大地刺激了外高桥保税区的发展,相互间关联不断强化。

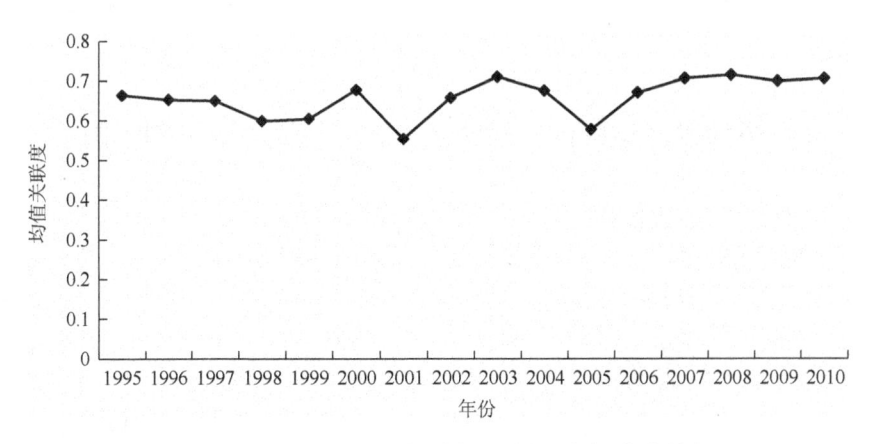

图 5-10 外高桥保税区与城市关联发展的均值关联度

2. 强化过程是在关联程度已较强的基础上进行的

港城关联发展的经验表明,随着工业化进程地不断推进,关联强度基本均经历了由弱化趋向强化的过程。由图 5-10 的计算显示,1995 年外高桥保税区与城市关联发展的均值关联度为 0.663 81,处于较强关联发展阶段,即使在关联程度最低的 2001 年其值仍达到 0.552 48，处于中等偏强的关联发展程度，近 16 年来外高桥保税区与城市关联发展正是在这样的基础上展开的。

3. 外高桥保税区与城市关联效应表现出一定的波动性

如图 5-10 所示，近 16 年来外高桥保税区与城市关联发展存在一定的波动性。1995~1998 年均值关联度呈明显的下降态势，由 0.663 81 下降到 0.598 16，年均下降 0.021 88；随后至 2001 年均值关联度出现第一次波动，均值关联度由 1999 年的 0.603 29 上升到 2000 年的 0.676 67，但转而又下降到 2001 年的 0.552 48，并达到近 13 年来的最低关联发展水平。2001 年后，外高桥保税区与城市关联发展的均值关联度持续上升，2003 年达到 0.708 89，为研究期内峰值，年均上升 0.0782，上升幅度明显；随后又表现出下降态势，至 2005 年达到 0.576 09，但仍高于 2001 年的关联水平；2005 年后，均值关联度再次呈现上升态势。作为外高桥保税区发展规模的重要表征，外高桥港口吞吐量发展演化可以在一定程度上佐证外高桥保税区与城市关联发展演变历程。统计显示，2000 年以前在港口吞吐量仍相对较小的情况下，港口吞吐量年均增长情况出现较大波动，年均增长率由 1996 年的 68.83%下降到 1999 年的 33%；外贸吞吐量年均增长率由 1996 年的 186%持续下降到 1999 年的 37.33%，并于 2000 年同时出现反弹，年均增长率分别达到 159%和 139%。

5.3.3　外高桥保税区与城市关联效应动态变化的内部影响机制

综上分析，外高桥保税区与城市的均值关联度基本处于中等偏强发展水平，表明相互间联系紧密。外高桥保税区与港口城市的关联发展受到内外部因素的综合影响，为了进一步揭示相互间关联发展的内部影响机制，运用式（5-7）对各年份外高桥保税区、城市二级指标间的关联系数矩阵进行平均、排序，并据此对外高桥保税区与城市关联效应动态变化的内部影响机制作一探讨。参考 5.1.3 节中均值关联度值域的划分，保税区与城市各要素之间的关联系数也做类似界定。

1. 城市各要素对外高桥保税区发展的影响

作为物流业发展的新兴载体，上海城市各要素对保税区发展的影响直接表现在以金融、信息等为表征的服务联系、以城市固定资产投资为表征的经济联系以及以工作就业为表征的人口联系等方面。特别是随着城市服务功能以及港口功能的演化，城市与外高桥保税区服务联系将不断强化；但随着城市发展对生态环境建设要求的提高，反过来又对外高桥保税区空间扩展、集疏运通道布局等产生制约。

表 5-7 的计算显示，1995～2010 年，城市各要素与外高桥保税区间的关联系数均保持在中等关联程度以上，最低关联系数仍达到 0.440 266，但城市各要素对外高桥保税区的影响表现出明显差异。

表 5-7　城市各要素与外高桥保税区的关联系数

年份	经济联系	运输联系	服务联系	人口联系	生态环境	年平均
1995	0.628 103	0.671 622	0.717 901	0.646 528	0.663 252	0.665 481 2
1996	0.596 614	0.638 107	0.737 102	0.632 956	0.691 325	0.659 220 8
1997	0.591 013	0.635 970	0.713 825	0.647 106	0.724 315	0.662 445 8
1998	0.530 336	0.585 456	0.678 221	0.588 504	0.674 032	0.611 309 8
1999	0.523 565	0.604 599	0.693 327	0.583 698	0.688 685	0.618 774 8
2000	0.579 534	0.695 011	0.793 702	0.661 433	0.707 907	0.687 517 4
2001	0.490 158	0.546 417	0.538 823	0.602 291	0.755 207	0.586 579 2
2002	0.799 305	0.725 720	0.513 081	0.506 824	0.677 007	0.644 387 4
2003	0.736 744	0.797 938	0.667 938	0.591 723	0.776 522	0.714 173 0
2004	0.580 398	0.641 846	0.770 302	0.684 173	0.806 762	0.696 696 2
2005	0.440 266	0.535 200	0.756 746	0.592 341	0.626 683	0.590 247 2
2006	0.568 942	0.608 654	0.823 380	0.692 929	0.681 713	0.675 123 6
2007	0.633 870	0.631 503	0.830 776	0.731 814	0.705 680	0.706 728 6
2008	0.640 330	0.625 430	0.845 780	0.722 560	0.699 320	0.706 684 0
2009	0.626 540	0.634 560	0.847 760	0.736 670	0.700 670	0.709 240 0
2010	0.643 350	0.636 670	0.839 780	0.747 680	0.690 780	0.711 652 0
各年平均	0.600 566 8	0.638 418 9	0.735 527 8	0.648 076 9	0.704 366 3	—

总体看来，城市服务联系要素对外高桥保税区的影响基本保持在较高水平，1995～2010 年城市服务联系要素与外高桥保税区的平均关联系数为 0.735 527 8，处于较强关联发展水平，其中 1995 年、1996 年以及 1998～2000 年、2005～2010 年城市服务联系要素与外高桥保税区关联程度均处于同时期最强水平，2009 年的关联系数更高达 0.847 760；1995～2010 年城市运输联系要素与外高桥保税区的平均关联系数为 0.638 418 9，整体处于中等关联水平，其中 1995 年、2000 年、2002 年和 2003 年的关联系数均超过 0.65，属较强关联发展水平，2003 年城市运输联系要素与外高桥保税区的关联系数最高，达到 0.797 983；1995～2010 年城市经济联系要素与外高桥保税区的平均关联系数为 0.600 566 8，整体处于中等关联发展水平，其中在 1995～2001 年和 2004～2006 年两个时段均处于同时期平均关联水平以下，且其关联系数在城市各要素中均最小，但在 2002 年和 2003 年其关联系数均超过 0.65，又属较强关联发展水平；1995～2010 年城市人口联系要素与外高

桥保税区的平均关联系数为 0.648 076 9，整体处于中等关联发展水平，其中 2000 年、2004 年、2006~2010 年的关联系数分别超过 0.65，属较强关联发展水平，但 2002 年、2003 年的人口联系要素与外高桥保税区关联系数则是对应年份最小关联系数，表明其在城市各要素中的关联作用最小。从城市生态环境与外高桥保税区的关联看，1995~2010 年其平均关联系数为 0.704 366 3，其中 2004 年的关联系数更是达到 0.806 762。此外，1997 年、2001 年、2004 年城市生态环境与外高桥保税区关联系数在相关年份的所有关联系数中均处于最高水平。但由于生态环境和外高桥保税区发展呈一定的负相关关系，两者之间的关联系数越大则表明生态环境对外高桥保税区的发展制约越明显。结合图 5-9 整体均值关联度的演化态势分析，生态环境成为相关年份均值关联度的主要影响因素。

上述分析表明，1995~2010 年，城市服务联系要素、人口联系要素、运输联系要素及经济联系要素与外高桥保税区的平均关联系数依次降低，关联效应下降。为了进一步探讨城市经济联系、运输联系、服务联系及人口联系内部各要素对外高桥保税区发展的影响，本章对城市相关要素①与外高桥保税区的关联系数作了进一步测算（表 5-8）。

表 5-8 城市相关要素与外高桥保税区的关联系数

年份	X_1	X_2	X_3	X_4	X_5	X_6	X_7	X_8	X_9	X_{10}	X_{11}
1995	0.630	0.641	0.615	0.626	0.666	0.678	0.750	0.773	0.631	0.641	0.652
1996	0.576	0.629	0.565	0.616	0.608	0.668	0.854	0.774	0.584	0.639	0.627
1997	0.564	0.625	0.558	0.617	0.601	0.671	0.810	0.765	0.567	0.629	0.665
1998	0.494	0.568	0.493	0.566	0.539	0.632	0.803	0.737	0.495	0.569	0.608
1999	0.496	0.55	0.497	0.552	0.566	0.643	0.819	0.763	0.498	0.553	0.614
2000	0.568	0.585	0.574	0.591	0.682	0.708	0.885	0.876	0.620	0.642	0.681
2001	0.476	0.519	0.463	0.502	0.548	0.545	0.589	0.568	0.460	0.448	0.756
2002	0.824	0.777	0.822	0.773	0.761	0.690	0.605	0.597	0.337	0.334	0.680
2003	0.712	0.761	0.712	0.762	0.789	0.807	0.779	0.800	0.425	0.444	0.739
2004	0.559	0.598	0.563	0.602	0.617	0.667	0.924	0.846	0.541	0.577	0.791
2005	0.431	0.456	0.425	0.449	0.516	0.554	0.879	0.830	0.561	0.609	0.576
2006	0.559	0.591	0.547	0.578	0.590	0.627	0.891	0.853	0.727	0.749	0.637
2007	0.612	0.657	0.611	0.656	0.609	0.654	0.867	0.817	0.808	0.811	0.653
2008	0.608	0.678	0.622	0.650	0.632	0.655	0.863	0.803	0.801	0.750	0.657
2009	0.615	0.644	0.645	0.656	0.628	0.662	0.852	0.813	0.804	0.743	0.660
2010	0.634	0.683	0.613	0.678	0.627	0.578	0.861	0.810	0.824	0.735	0.658
各年平均	0.585	0.623	0.583	0.617	0.624	0.652	0.814	0.777	0.605	0.617	0.666

① X_1~X_{11} 含义分别代表人均 GDP，第三、第二产业产值比，城市固定资产投资额，外贸进出口总额，城市货运总量，路网密度，人均邮电业务量，城市社会消费品零售总额，第三产业产值，城市化率和社会从业人员数量。其中 X_1~X_4 为经济联系，X_5、X_6 为运输联系，X_7~X_9 为服务联系，X_{10}、X_{11} 则为人口联系。

表 5-8 的计算显示，从时序角度看，城市服务联系内部各要素（X_7~X_9）对外高桥保税区发展影响差异明显。1995~2010 年表征信息流的人均邮电业务量（X_7）与外高桥保税区关联程度相对最强，平均关联系数为 0.814，整体属于较强关联水平，其中 2004 年人均邮电业务量与外高桥保税区的关联系数更是高达 0.924，为极强关联水平；1995~2010 年城市社会消费品零售总额指标（X_8）与外高桥保税区的平均关联系数达到 0.777，属于较强关联水平，但在 2001 年和 2002 年其与外高桥保税区关联系数低于 0.65，分别为 0.568 和 0.597，属于中等关联水平；1995~2010 年第三产业产值（X_9）与外高桥保税区的平均关联系数为 0.605，整体处于中等关联水平，其中 2002 年其与外高桥保税区甚至出现弱关联，关联系数为 0.337（低于 0.35）。

城市运输联系内部要素（X_5、X_6）与外高桥保税区关联系数绝对差异较小，其中，1995~2010 年路网密度（X_6）与外高桥保税区平均关联系数为 0.652，处于较强关联发展水平，但其在 1998 年、1999 年、2001 年、2005 年、2006 年和 2010 年与外高桥保税区关联系数均低于 0.65，属中等关联水平，关联系数分别为 0.632、0.643、0.545、0.554、0.627 和 0.578；城市货运总量（X_5）与外高桥保税区的平均关联系数为 0.624，整体处于中等关联水平，但其 2002 年、2003 年与外高桥保税区关联系数超过 0.65，分别为 0.761 和 0.789，属于较强关联水平。

城市人口联系内部要素（X_{10}、X_{11}）与外高桥保税区的关联发展影响差异相对较大。1995~2010 年城市化率（X_{10}）与外高桥保税区平均关联系数为 0.617，处于中等关联发展水平，但其在 2006 年以来与外高桥保税区的关联系数均超过 0.65，处于较强关联发展水平；1995~2010 年路网密度（X_{11}）与外高桥保税区平均关联系数为 0.666，属较强关联发展水平，但其在 1996 年、1998 年、1999 年、2005 年和 2006 年与外高桥保税区的关联系数分别低于 0.65，处于中等关联水平，关联系数分别为 0.627、0.608、0.614、0.576 和 0.637。

城市经济联系内部要素对外高桥保税区发展影响差异较小。1995~2010 年人均 GDP（X_1）与外高桥保税区平均关联系数为 0.585，整体处于中等关联发展水平，但其在 2002 年、2003 年与外高桥保税区关联系数则分别达到 0.824 和 0.712，属较强关联水平；1995~2010 年第三、第二产业产值比（X_2）与外高桥保税区平均关联系数为 0.623，整体处于中等关联发展水平，但其在 2002 年、2003 年、2007 年、2008 年和 2010 年与外高桥保税区的关联系数均超过 0.65，属较强关联水平，关联系数分别为 0.777、0.761、0.657、0.678 和 0.683；1995~2010 年城市固定资产投资额（X_3）与外高桥保税区平均关联系数为 0.583，整体处于中等关联发展水平，但其在 2002 年、2003 年与外高桥保税区的关联系数均超过 0.65，分别达到 0.822 和 0.712，属较强关联水平；1995~2010

年外贸进出口总额（X_4）与外高桥保税区平均关联系数为 0.617，整体处于中等关联发展水平，但其在 2002 年、2003 年和 2007~2010 年与外高桥保税区的关联系数也均超过 0.65，属较强关联水平，关联系数分别为 0.773、0.762、0.656、0.650、0.656 和 0.678。

从时间断面看，表征信息流的人均邮电业务量（X_7）与外高桥保税区关联系数在 1996~2000 年、2004~2010 年均保持相对最高的关联发展水平，其对外高桥保税区的影响始终比较明显。

综上分析，上海市主要通过服务联系和运输联系对外高桥保税区的发展产生明显推动作用，生态环境则对外高桥保税区的发展产生制约作用。从城市内部各要素对外高桥保税区发展的影响看，人均邮电业务量、路网密度、社会从业人员数量以及城市社会消费品零售总额对外高桥保税区的发展产生较强的关联作用，其中人均邮电业务量对外高桥保税区的影响始终比较明显。

2. 外高桥保税区各要素对城市发展的影响

外高桥保税区对城市发展的影响主要表现为：保税区自身产生的地区生产总值成为港口城市经济的有机组成部分；外高桥保税区发展规模的扩大对城市物质交流、城市形态乃至生态环境等产生影响。

对外高桥保税区各要素[①]与城市发展关联系数的计算显示（表 5-9），1995~2010 年外高桥保税区各要素与城市关联系数均处于中等至较强水平，但各要素影响差异明显。

表 5-9　外高桥保税区各要素与城市作用的关联系数

年份	经济效益	建设规模	支撑产业	年平均
1995	0.676 868	0.724 281	0.678 156	0.693 101 7
1996	0.666 353	0.733 426	0.651 217	0.683 665 3
1997	0.664 168	0.714 264	0.643 783	0.674 071 7
1998	0.593 431	0.671 323	0.594 391	0.619 715 0
1999	0.594 628	0.650 483	0.604 003	0.616 371 3
2000	0.675 690	0.690 378	0.691 210	0.685 759 3
2001	0.546 840	0.587 660	0.546 371	0.560 290 3
2002	0.685 381	0.569 025	0.655 261	0.636 555 7

---

① 考虑港口后勤区域物流运作量指标 X_{13}、X_{14} 表征要素的替代性，本节主要对另外 4 项指标与城市的关联发展作一分析。

续表

年份	经济效益	建设规模	支撑产业	年平均
2003	0.681 593	0.729 788	0.745 431	0.718 937 3
2004	0.663 041	0.694 309	0.701 278	0.686 209 3
2005	0.564 857	0.609 848	0.599 101	0.591 268 7
2006	0.683 598	0.714 319	0.675 733	0.691 216 7
2007	0.712 671	0.738 400	0.702 883	0.717 984 7
2008	0.713 100	0.738 320	0.703 650	0.718 356 7
2009	0.713 460	0.736 540	0.706 530	0.718 843 3
2010	0.713 720	0.738 650	0.713 420	0.721 930 0
各年平均	0.659 337	0.690 063	0.663 276	—

总体看来，1995~2010 年外高桥保税区建设规模与城市作用的平均关联系数为 0.690 063，整体处于较强关联发展水平，但其在 2001 年、2002 年和 2005 年与城市的关联系数均小于 0.65，属中等关联水平；1995~2010 年外高桥保税区支撑产业要素与城市作用的平均关联系数为 0.663 276，整体处于较强关联发展水平，但其在 1997 年、1998 年、1999 年、2001 年和 2005 年与城市的关联系数均小于 0.65，属中等关联水平；1995~2010 年外高桥保税区经济效益要素与城市作用的平均关联系数为 0.659 337，整体处于中等关联发展水平，但其在 1995~1997 年、2000 年、2002~2004 年以及 2006 年、2007~2010 年与城市作用的关联系数均超过 0.65，属于较强关联水平。

从时间断面看，除 2002 年和 2004 年外，其余年份的外高桥保税区建设规模与城市作用关联系数均保持相对最高的关联水平，其中 2010 年的关联系数达到 0.738 650，2002 年的关联水平也高于该年份的平均水平，处于相对较高的关联水平。

综上分析，外高桥保税区随着建设规模的扩大、支撑产业的壮大对城市发展产生明显推动作用，保税区封关面积、仓储及物流企业数量对城市发展的影响始终比较明显。

3. 外高桥保税区各要素与城市各要素间的相互影响

外高桥保税区与城市关联发展的复杂性还表现在各要素间的交错作用上。结合前述对外高桥保税区与城市关联效应动态变化特征的分析，本章重点探讨 1995 年、1998 年、2001 年、2003 年、2005 年和 2010 年外高桥保税区各要素与城市各要素间的关联情况，对其相互影响作分析（表 5-10），具体计算结果详见附表。

表 5-10 的计算表明，上述年份外高桥保税区各要素与城市各要素间的关联强度基本处于中等及以上水平；城市对外高桥保税区影响最明显的要素（人均邮电

业务量 X_7) 与外高桥保税区对城市发展影响最明显的要素 (保税区封关面积 X_{16}) 相互间的关联系数矩阵为 344334，始终处于较强关联水平以上，结合附表，发现 1995 年、1998 年、2001 年、2003 年、2005 年和 2010 年两者间的关联系数分别为 0.89、0.96、1.00、0.78、0.82 和 0.95。

城市生态环境的表征要素 (人均园林绿地面积 X_{12}) 与外高桥保税区建设规模要素 (保税区封关面积 X_{16}) 间的关联系数矩阵为 432344。结合附表，发现 1995 年、1998 年、2001 年、2003 年、2005 年和 2010 年两者间的关联系数分别为 0.90、0.85、0.44、0.84、0.90 和 0.97，这表明随着保税区封关面积的扩大，其与城市生态环境要素则表现出较强关联，相互间的制约明显上升。

表 5-10　外高桥保税区各要素与城市各要素之间相互作用矩阵

项目		外高桥保税区各要素					
		X_{13}	X_{14}	X_{15}	X_{16}	X_{17}	X_{18}
城市各要素	X_1	322322	222322	322323	221322	222322	322322
	X_2	222323	222322	222322	334324	322422	322322
	X_3	322322	222322	322323	221322	222322	322322
	X_4	222323	221322	222322	334324	322422	322322
	X_5	322322	222322	333323	222322	223322	322322
	X_6	222323	222322	222322	343324	332322	322322
	X_7	332333	332334	232333	344334	332343	332344
	X_8	332343	433334	342334	221322	332333	332333
	X_9	222224	222223	322224	223223	222233	322223
	X_{10}	222224	222223	222223	331233	322233	322224
	X_{11}	333323	223322	332333	222322	222233	324233
	X_{12}	234323	223322	223322	432344	333432	333323

注：1 代表弱关联；2 代表中等关联；3 代表较强关联；4 代表较强关联。例如，322333 则代表 1995 年、1998 年、2001 年、2003 年、2005 年和 2010 年要素间关联强度分别为较强、中等、中等、较强、较强、较强；各指标含义同表 5-6

综上分析，保税区建设规模的扩大及保税区与城市服务联系的强化仍是影响两者关联效应发挥的重要因素，但随着保税区建设规模的扩大，其对城市，特别是周边环境产生明显的制约作用。

5.3.4　外高桥保税区与城市关联效应动态变化的外部影响机制

1. 港口功能演变及区域港口体系的演化

外高桥保税区的发展与港口功能演变及区域港口体系的演化密切相关。随着港口基础设施的完善,上海港口效率不断提升,集装箱桥吊单机台时量最高达到81.85箱,集装箱船舶的平均在港时间已下降到25h;在港口传统运输功能不断强化的基础上,与港口生产有关的引航、船舶拖带、理货、驳运、仓储、船货代理、集卡运输、国际邮轮服务等港口服务以及港口物流业务得到快速发展。目前,全球最大的20家船公司已全部进驻上海,全市拥有国际集装箱运输企业41家、公用港口码头运营企业25家、国际船舶代理业务经营企业80家、无船承运业务经营者782家、国际船舶运输企业37家,共计965家港航企业(图5-11),港口功能日益多元化。港口功能演变拓展了港口物流功能,带动了外高桥保税区的发展,促进了其与城市关联效应的发挥。但从区域港口体系演化的角度看,周边相邻港口功能演化则会进一步促进其自身港口后勤区域的发展,进而产生微妙的影响。

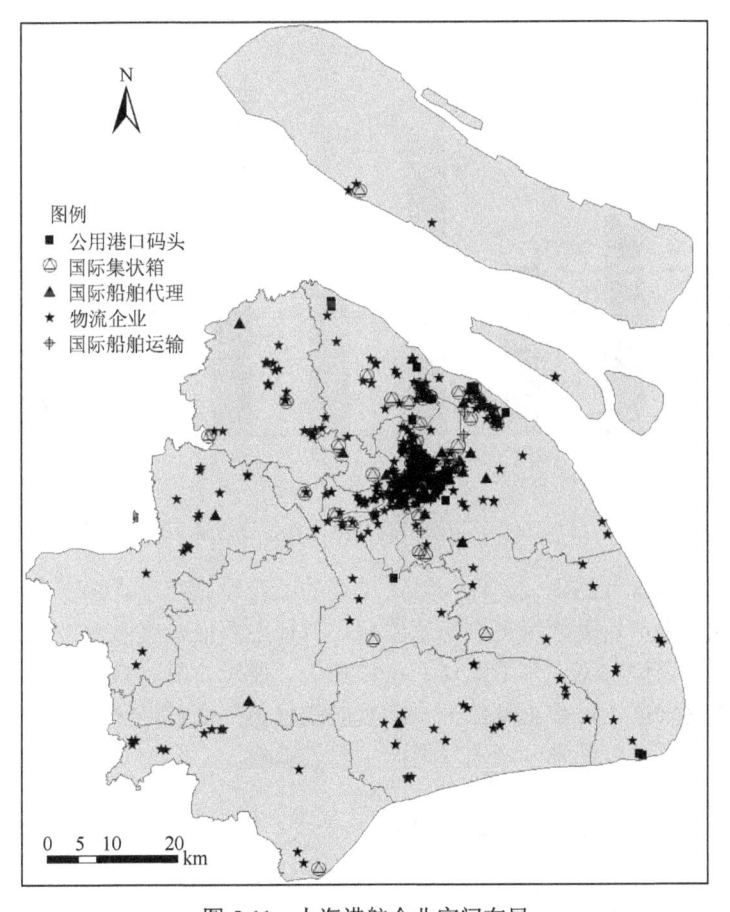

图 5-11 上海港航企业空间布局

2. 区域发展需求的上升及周边港口后勤区域的兴起

随着长江流域经济的快速发展，区域物流发展需求快速上升，适箱货物比重不断提高，港口集装箱运输量快速增长。1995～2010 年上海全港集装箱吞吐量逐渐增长，集装箱吞吐量由 1995 年的 152.6 万 TEU 猛增到 2010 年的 2906.9 万 TEU。区域发展需求的快速上升一方面带来了各类港口后勤区域物流量的增加；另一方面则进一步加剧了港口吞吐能力相对不足的矛盾，进而影响港口周边的可开发空间，制约了港口后勤区域发展空间的拓展。例如，2006 年外高桥港区的集装箱吞吐量为 1372.9 万 TEU，而同年的港区集装箱设计通过能力为 605 万 TEU，港区码头泊位超载严重（图 5-12）。

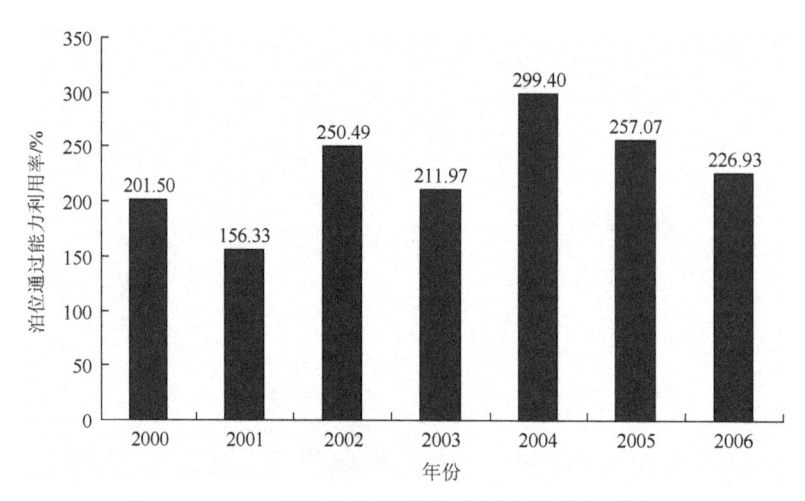

图 5-12 2000 年以来外高桥港区泊位通过能力利用率

围绕洋山深水港的建设，作为港区重要的配套设施，以洋山深水港物流园区为代表的周边港口后勤区域得到迅速发展，目前主要提供集装箱港口增值、进出口贸易、保税仓储物流、采购配送、出口加工、展示交易、航运服务等服务。围绕洋山深水港发展，目前全部欧洲、南美航线已由外高桥港区转移到洋山港区，这无疑对外高桥港口后勤区域的发展产生明显影响。

3. 区域交通集疏运条件的制约作用

目前，外高桥港区的集疏运方向主要通过外环线和郊环线向江苏、浙江等地集散，郊环线与外环线的东段承担港区大部分集装箱的集疏量，外环隧道成为沪北、苏南地区箱源进入外高桥的必经之路。通过对外高桥北向联系通道（浦东北路—草高路—外环隧道）2005 年 6 月晚高峰、2005 年 12 月晚高峰、2006 年 6 月晚高峰以及 2006 年 12 月晚高峰、2007 年 6 月晚高峰双向车流量的监测显示，入港方向道路除 2007 年 6 月晚高峰呈较畅通态势外，其余检测时间均表现出拥挤态势；离港方向道路除 2007 年 6 月晚高峰畅通外，其余检测时间均表现出较畅通态势[①]。外环隧道交通压力较大，其中 2005 年外环隧道日均流量约为 7 万辆/d，货运车辆所占比例达到 73%左右，至 2006 年年底隧道双向流量达到 74 442 辆/d[②]，区域交通拥挤状况仍比较严重。港口后勤区域发展产生的相关城市交通问题将在一定程度上影响区域货流流量、流向的空间分配。

5.4 小　　结

随着港口功能转变和全球供应链的日益完善，港口后勤区域发展的外部环境正面临深刻变化。作为一种新产业空间，港口后勤区域对周边地区土地利用及其依托城市等均产生了明显影响。本章主要从中、微观尺度，探讨了港口后勤区域发展的空间效应。

（1）运用信息熵、均衡度对外高桥保税物流园区周边土地利用结构的相关分析显示，研究土地利用结构整体向非均衡状态发展，各种用地类型面积差别增大；土地利用结构随着距保税物流园区的距离变化而呈明显的差异性，距保税物流园区越近，各种用地类型的面积差别越大，土地利用结构非均衡性越强。

（2）在合理界定港口后勤区域影响范围的基础上，运用土地利用程度综合指数、土地利用程度动态指数以及分形方法对基于南京港口后勤区域开发的土地综合利用及建设用地空间结构做了研究。研究显示，随着南京沿江港口后勤区域的发展，周边土地综合利用程度不断提高，开发强度不断加大；土地综合利用表现出明显的轴向特征，总体上 1km 范围内的土地开发强度不断加大。

对建设用地空间结构的分析显示，随着港口后勤区域的建设，建设用地分形维数（D_c）大于 1.5 的样本数量快速上升，研究区域的建设用地扩展呈明显的蔓延态势；港口后勤区域对周边建设用地的影响差异明显，在 1~1.5km 范围内，样本单元建设用地扩展强度减弱。

（3）运用灰色关联分析法对外高桥保税区与上海市关联发展效应的分析显示，1995 年以来两者的关联效应及关联程度已经在较强的基础上总体趋于强化，均值关联度从 1995 年的 0.663 81 上升到 2010 年的 0.704 56，上升幅度明显，但呈一定的

---

① 上海中心城快速路运行月报（2005~2007）；离港方向为浦东北路—草高路—外环隧道方向；入港方向为外环隧道—草高路—浦东北路方向。

② 上海中心城快速路运行月报（2005~2007）。

波动性，其中除 1995~1998 年、2000~2001 年和 2003~2005 年外，外高桥保税区与城市关联发展的均值关联度均表现出下降态势。上述港口后勤区域与城市关联效应动态变化特征的形成是内部因素（如城市的服务联系、运输联系、保税区建设规模）和外部因素（如港口功能演变及区域港口体系的演化、区域发展需求的上升及周边港口后勤区域的兴起、区域交通集疏运条件的制约作用）长期综合作用的结果。

第6章 上海和南京港港口后勤区域区位选择

港口后勤区域的合理布局对港口功能的提升及港口后勤区域的效应发挥具有重要影响。外高桥保税物流园区、洋山深水港物流园区及龙潭保税物流中心作为长三角地区极具典型性的物流活动区域，其合理区位选择对以港口为中心的物流网络完善具有重要的理论和实际指导意义。如何从微观层面探讨上海港、南京港港口后勤区域区位选择方向是本章需要解决的核心问题。

6.1 研究思路、方法及数据资料

6.1.1 研究思路与方法

设施布局的区位-再区位是当前供应链管理中的重要战略决策问题，通常包含最佳设施数量、评估并确定设施最优区位以及设计最适配送网络等方面的问题（Ho et al., 2008）。港口后勤区域区位选择受到区域土地供给因素（如地价）、生态环境因素（如地形）及其他空间要素（如大型居民点）等的综合影响，其区位选择与优化的主要目的是为了实现经济、资源、环境协调及其与其他功能区块空间协调以实现整体效率的最大化（图6-1）。但在微观研究尺度下（如1km×1km范围内），相邻区位的内部环境条件（如地形）、土地供给条件（如地价）等的差异较小，基本可以视为均质区域。鉴于此，本章主要从运输成本角度（吴威等，2006，2007）探讨港口后勤区域区位选择问题，即实现港口后勤区域至港区的运输成本系数（A）、港口后勤区域至直接腹地的运输成本系数（B）和港口后勤区域至间接腹地的运输成本系数（C）的综合运输成本最小化（图6-2）。为此，借鉴综合交通运输成本的相关研究成果，本章通过计算各候选区位到港区、直接腹地、间接腹地的综合运输成本，综合判别现有各港口后勤区域区位及选择方向，具体步骤如下。

1. 港口后勤区域候选区位的确定

借鉴已有相关研究，目前大多数港口后勤区域主要分布在港口(区)后方10km半径范围内（Lee, 2005）。为此，结合现有上海、南京各类型港口后勤区域发展现状，以港口后勤区域临近的港区为中心，将港区后方10km半径范围内的区域作为研究范围；考虑到物流园区分类与基本要求（GB/T 21334—2008）对物流园区规模的基本界定（一般不小于 1km²），本章以 1km×1km 栅格为基本评价单元，将上述研究范围作进一步划分，并以此作为港口后勤区域候选点。据此，得到上海外高桥后勤区域候选点 228 个、洋山港口后勤区域候选点 142 个、南京龙潭港口后勤区域候选点 114 个（图 6-3）。

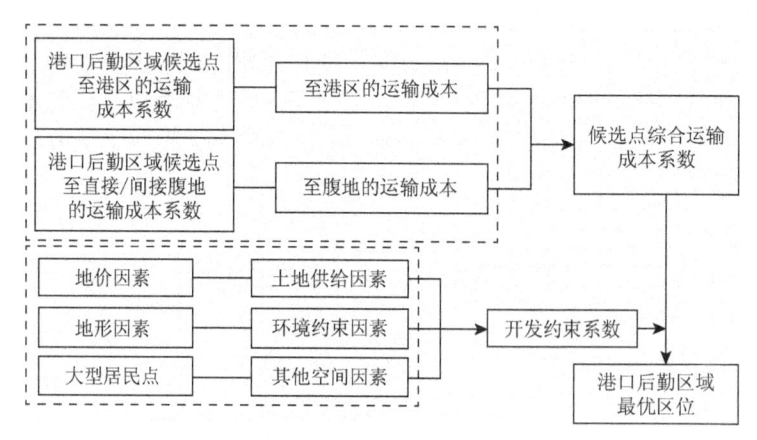

图 6-1　港口后勤区域区位选择基本思路

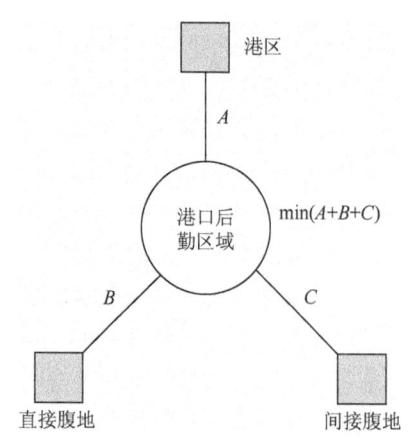

图 6-2　基于运输成本的区位优化思路

2. 港口后勤区域综合运输成本系数测算

1）港口后勤区域候选点与港区的运输成本系数

运用 ArcView 网络分析功能，分别计算各港口后勤区域候选点到对应港口（区）的最短时间；为了消除量纲影响，构建式（6-1）计算各候选点到港区的运输成本系数。

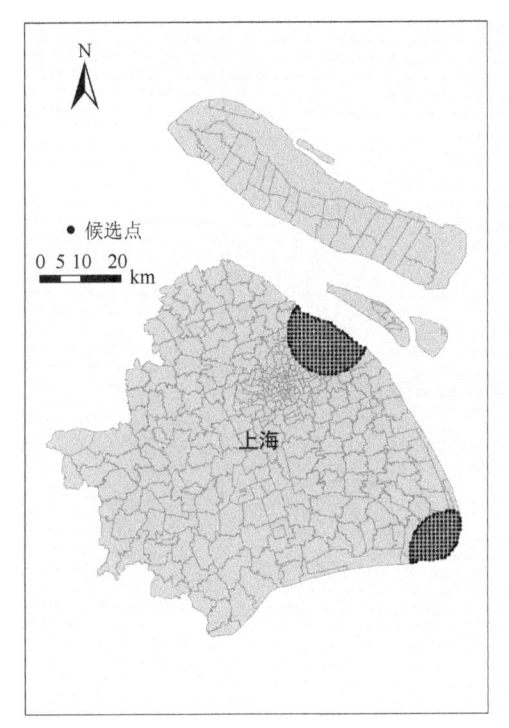

图 6-3 上海、南京港港口后勤区域候选点

$$I_p = T_{hg} / \left(\sum T_{hg} / m \right) \tag{6-1}$$

式中，I_p 为港口后勤区域候选点至对应港区的运输成本系数；T_{hg} 为港口后勤区域候选点 i 到 x 港区的最短时间；m 为港口后勤区域候选点数量。

2）港口后勤区域候选点与腹地的运输成本系数

港口后勤区域候选点到腹地的运输成本包括两个方面：其一是港口后勤区域候选点到直接腹地（港口城市）乡镇、街道的运输成本；其二是港口后勤区域候选点到间接腹地货运点的运输成本。应该指出，港口后勤区域的间接腹地包括海向腹地和陆向腹地两个层面，但考虑到研究资料的可得性，本章主要对陆向腹地展开探讨。为此，本章从以下两个层面构建港口后勤区域候选点至直接腹地、间接腹地的运输成本系数。

（1）与直接腹地的运输成本系数。港口城市是港口货物运输的主要直接腹地。通过计算上海、南京各港口后勤区域候选点到对应腹地乡镇、街道的加权平均旅行时间，利用式（6-3）（吴威等，2006）计算各候选点至直接腹地的运输成本系数。考虑到外高桥、洋山的直接腹地相互重叠，本章首先以外高桥港区和洋山港区（东海大桥陆上节点）为目的地，运用 ArcView 网络分析模块分别计算上述两地到上海所有乡镇、街道的公路加权平均运输成本，比选确定两港区腹地（图 6-4）。

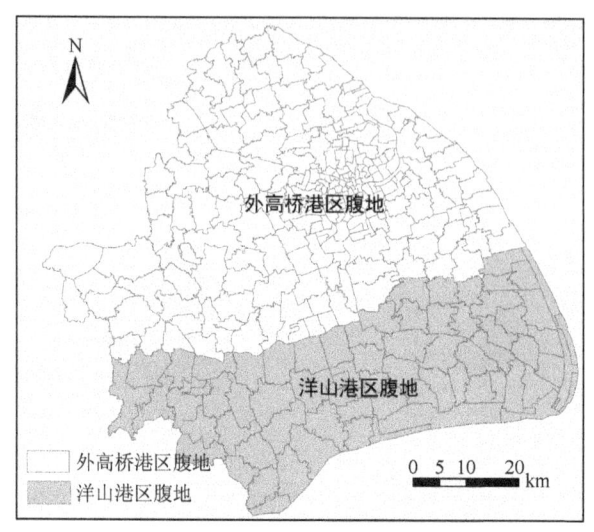

图 6-4　港口腹地划分①

$$A_{hxi} = \sum_{j=1}^{n} T_{hxij} M_j \bigg/ \sum_{j=1}^{n} M_j \tag{6-2}$$

$$I_x = A_{hxi} \bigg/ \left(\sum A_{hxi}/n\right) \tag{6-3}$$

式中，A_{hxi} 为港口后勤区域候选点 i 至腹地所有乡镇（街道）的最短加权时间；T_{hxij} 为港口后勤区域候选点 i 至乡镇（街道）j 的最短旅行时间；M_j 为节点 j 的质量，用各乡镇面积比例与全市规模以上工业总产值的乘积表征；I_x 为港口后勤区域候选点至乡镇（街道）的运输成本系数；n 为腹地乡镇（街道）数量。

（2）与间接腹地的运输成本系数。从运输空间的角度看，间接腹地的货物最终将通过港口城市公路、水路（沿海、内河）和铁路等运输枢纽，然后经公路运输至相关港口后勤区域（图 6-5）。为此，首先选取港口城市主要公路、水路和铁路运输枢纽，然后分别计算各港口后勤区域候选点至上述运输枢纽的运输成本系数；结合实地调研材料，确定港口后勤区域各种运输方式货物分担的份额，并按此权重综合加权得到各候选点与间接腹地的运输成本系数。具体计算如下：

$$A_{ix} = T_{hs} \bigg/ \left(\sum T_{hs}/k\right) \tag{6-4}$$

$$I_A = \sum_x A_{ix} \times W_x \tag{6-5}$$

式中，A_{ix} 为港口后勤区域候选点 i 至节点 x 的交通方式（x 取值为 1～3，分别代表公路、铁路、水运三种运输方式）的可达性指数；T_{hs} 为候选点 i 到选定目的地交通枢纽（铁路、公路、水运）的最短公路旅行时间；k 为交通枢纽节点的数量；

---

① 本书主要分析上海市除崇明县以外区域到外高桥洋山的便捷性。

I_A 为港口后勤区域候选点 i 与间接腹地的运输成本系数；W_x 为 x 交通方式在各港口后勤区域货物运输中分担的份额。

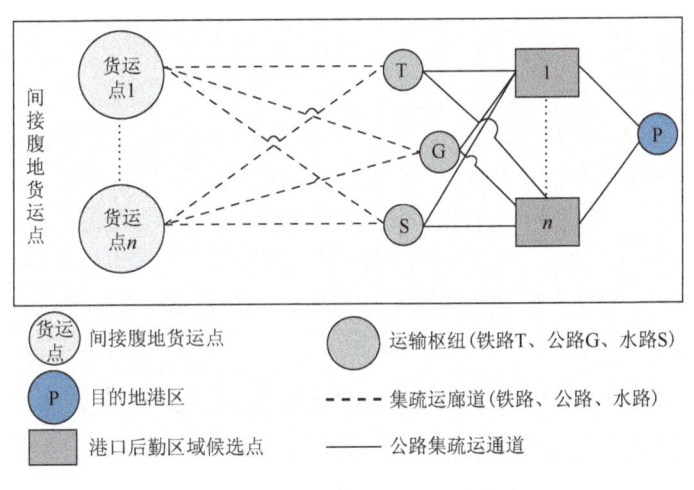

图 6-5 间接腹地货物转运分析框架

（3）与腹地的综合运输成本系数。在上述分析港口后勤区域候选点至港区、直接腹地、间接腹地运输成本系数的基础上，运用式（6-6）综合集成得到港口后勤区域候选点 i 至腹地的综合运输成本系数（I_z），其中 α、β 分别为港口后勤区域候选点与直接腹地、间接腹地的运输成本权重，具体以各港货物吞吐量中不同腹地运输比重代替。

$$I_z = \alpha I_x + \beta I_A \tag{6-6}$$

最后，按式（6-7）综合集成得到港口后勤区域各候选点综合运输成本系数（I_c），以此确定港口后勤区域潜在最优区位。

$$I_c = \varphi I_p + \phi I_z = \varphi I_p + \phi \alpha I_x + \phi \beta I_A \tag{6-7}$$

式中，I_c 为候选点综合运输成本系数；φ、ϕ 分别为各港口后勤区域候选点至港区运输成本系数、至腹地运输成本系数的权重。I_c 值越小说明该候选点区位越优，物流运营成本越低，反之亦然。

在上述计算过程中，主要运用 ArcView 的网络分析功能，考虑不同等级线路性能的差异性，参考《城市道路交通规划设计规范》（GB 50220—95）和《公路工程技术标准》（JTGB 01—2003）对研究时段的上海、南京两地路网速度做了设定。上海市公路等级速度设定如下：高速公路为 100km/h，城市快速路为 80km/h，主干路为 60km/h，次干路为 40km/h，支路为 30km/h，匝道、连接线为 20km/h。考虑南京市域公路发展实际情况，对其公路等级速度设定如下：高速公路为

100km/h，国省道为 80km/h，县乡道为 30km/h，主城区线路设定主干路为 60km/h，次干路为 40km/h，支路为 30km/h，匝道、连接线为 20km/h。

6.1.2　数据资料

本章采用的数据资料主要包括区域区域交通网络资料、社会经济统计资料、遥感（航拍）卫片资料及野外实地考察资料四部分。区域交通网络资料包括《上海市地图册》（中国地图出版社）、《江苏省地图册》（中国地图出版社）；社会经济统计资料主要包括 2010 年上海、南京市规模以上工业产业数据库；遥感（航拍）卫片资料及野外实地考察资料主要包括上海市航空遥感平台数据、南京市 SPOT 10m 分辨率影像图等资料。

6.2　上海和南京港港口后勤区域区位评价

6.2.1　港口后勤区域至港区的运输成本

利用 ArcView 网络分析模块，运用式（6-1）分别对外高桥、洋山和龙潭港口后勤区域候选点至对应港区的运输成本系数进行测算，基本格局如下。

1. 外高桥保税物流园区

图 6-6 的计算显示，外高桥港口后勤区域各候选点至港区的运输成本系数表现出明显的圈层结构，最小运输成本系数位于第 28 号候选点，运输成本系数为 0.114 39；最大运输成本系数位于第 167 号候选点，运输成本系数为 1.594 43，相互间差异明显。外高桥保税物流园区位于第 27、28、39 和 40 号候选点交界处，运输成本系数分别为 0.3814、0.2759、0.3195 和 0.2118，在所有候选点中分别位列第 13 位、第 8 位、第 11 位和第 4 位，整体处于较高水平。

2. 洋山深水港物流园区

洋山港口后勤区域各候选点至港区运输成本系数沿主要交通线变化比较明显，且呈明显的圈层结构。最小运输成本系数位于第 117 号候选点，为 0.068 11；最大运输成本系数位于第 140 号候选点，其运输成本系数为 1.574 74，差异特别明显。洋山深水港物流园区位于第 116 号候选点，其至港区的运输成本系数为 0.2141，在所有候选点中位列第 3 位（图 6-7）。

第6章 上海和南京港港口后勤区域区位选择

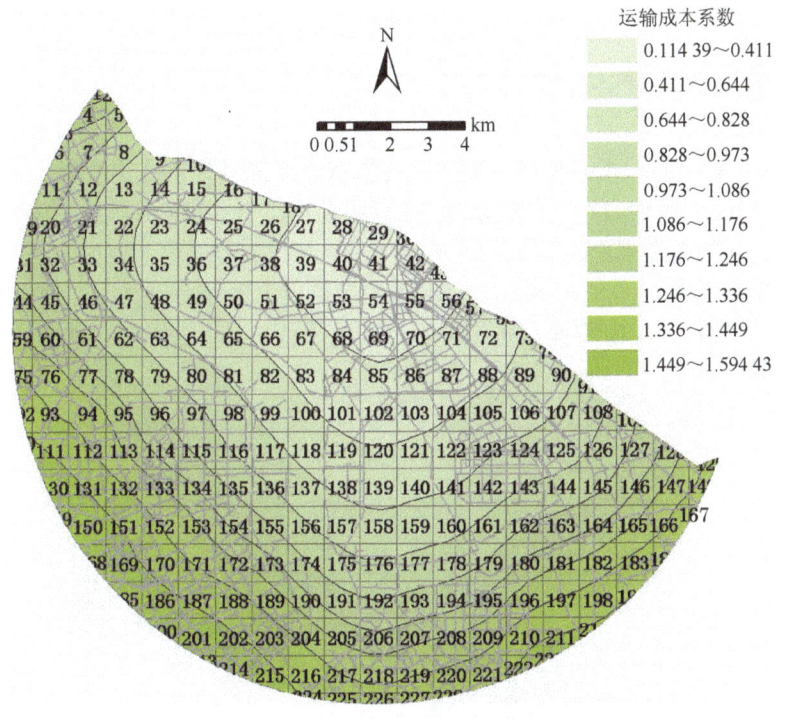

图 6-6 外高桥港口后勤区域至港区的运输成本系数

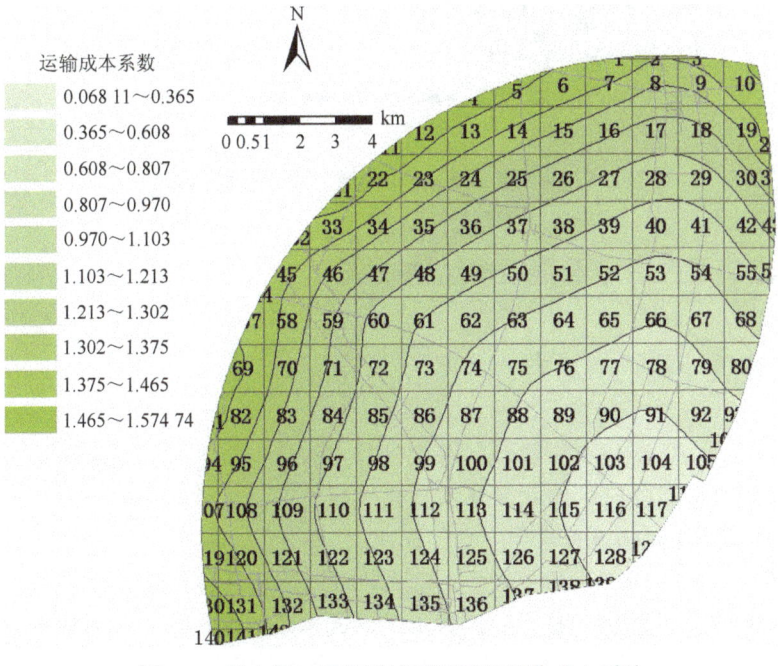

图 6-7 洋山港口后勤区域至港区的运输成本系数

3. 龙潭保税物流中心

如图 6-8 所示，龙潭港口后勤区域各候选点至港区运输成本系数总体呈现圈层结构，其最小运输成本系数位于第 35 号候选点，为 0.128 69；最大运输成本系数位于第 89 号候选点，运输成本系数为 1.930 76。龙潭保税物流中心位于第 36、37、48 和 49 号候选点交界处，其至港区的运输成本系数分别为 0.1287、0.2477、0.2757 和 0.3725，在所有候选点中分别位列第 1 位、第 4 位、第 5 位和第 7 位。

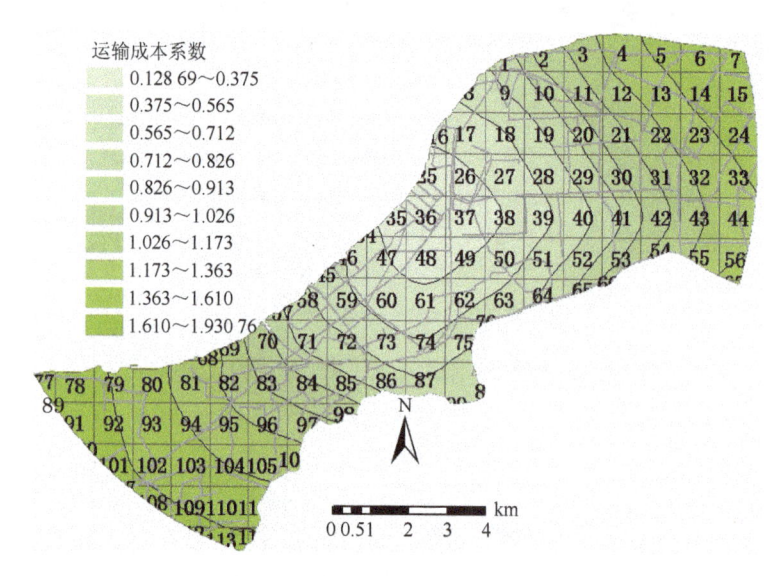

图 6-8　龙潭港口后勤区域至港区的运输成本系数

6.2.2　港口后勤区域至腹地的运输成本

1. 至直接腹地的运输成本

利用 ArcView 网络分析模块，分别计算上海、南京港港口后勤区域各候选点至腹地乡镇、街道的运输成本系数，具体格局如下。

1）外高桥保税物流园区

按照式（6-2）和式（6-3）对外高桥港口后勤区域各候选点至直接腹地的运输成本系数的计算显示（图 6-9），最小运输成本系数位于第 185 号候选点，其值为 0.788 21；最大运输成本系数位于 129 号候选点，其值为 1.255 60。外高桥保税物流园区所在候选点的运输成本系数分别为 1.107 93、1.136 49、1.085 24 和 1.109 76，分别位于第 182 位、第 197 位、第 166 位和第 183 位，处于偏低水平。

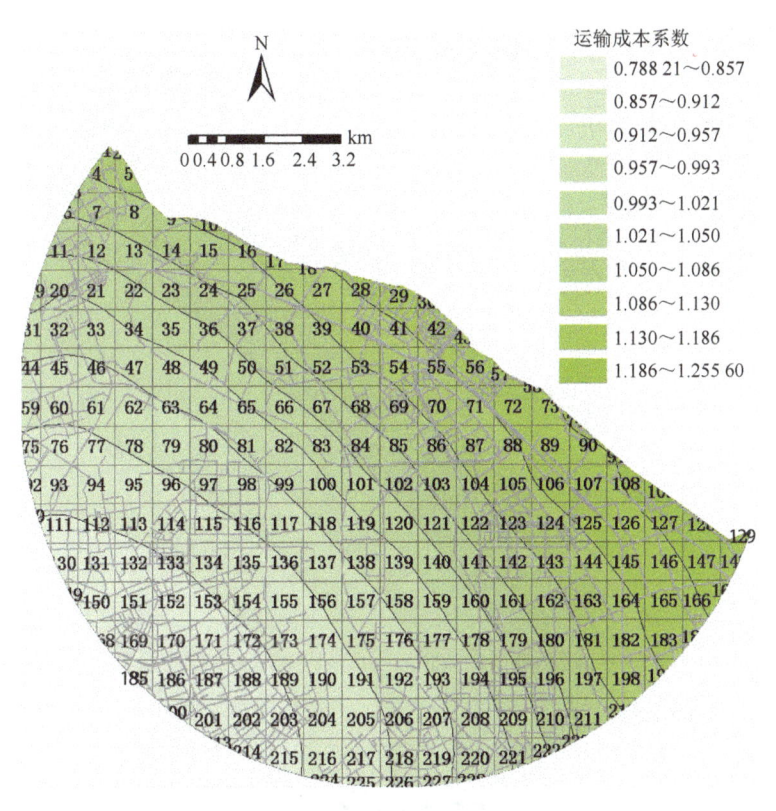

图 6-9　外高桥港口后勤区域至直接腹地的运输成本系数

2）洋山深水港物流园区

如图 6-10 所示，洋山港口后勤区域各候选点至直接腹地的最小运输成本系数位于第 44 号候选点，其物流运输成本系数为 0.890 03；最大运输成本系数为第 20 号候选点，运输成本系数为 1.147 28。洋山深水港物流园区至直接腹地的运输成本系数为 1.057 61（第 116 号候选点），位于第 102 位，处于偏低水平。

3）龙潭保税物流中心

如图 6-11 所示，龙潭港口后勤区域各候选点至直接腹地的最小运输成本系数为第 107 号候选点，其值为 0.841 49；最大运输成本系数为第 7 号候选点，其值为 1.192 07。龙潭保税物流中心所在候选点至直接腹地的运输成本系数分别为 1.016 97、1.028 14、0.998 56 和 1.016 57，分别位于第 60 位、第 63 位、第 55 位和 59 位，处于中部水平。

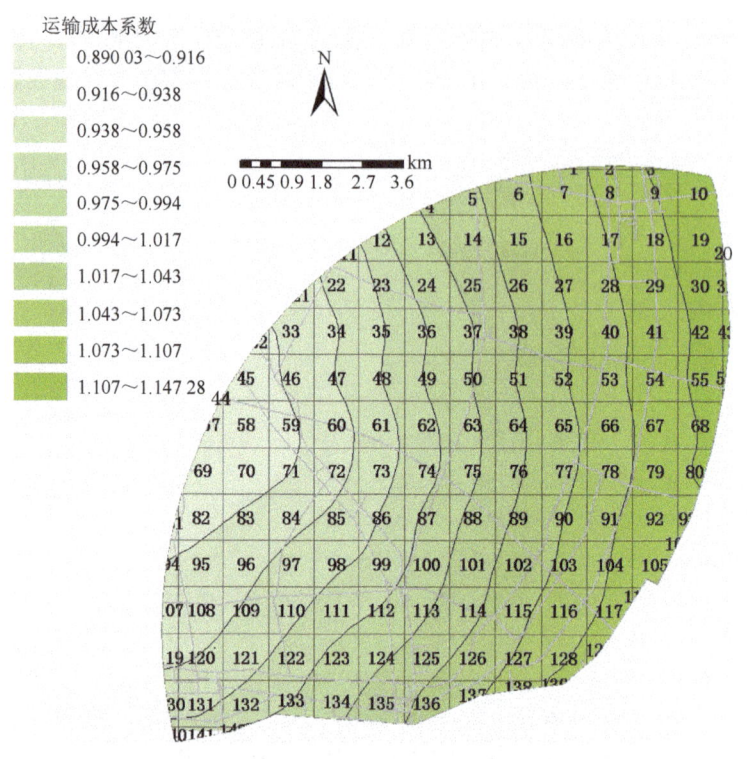

图 6-10 洋山港口后勤区域至直接腹地的运输成本系数

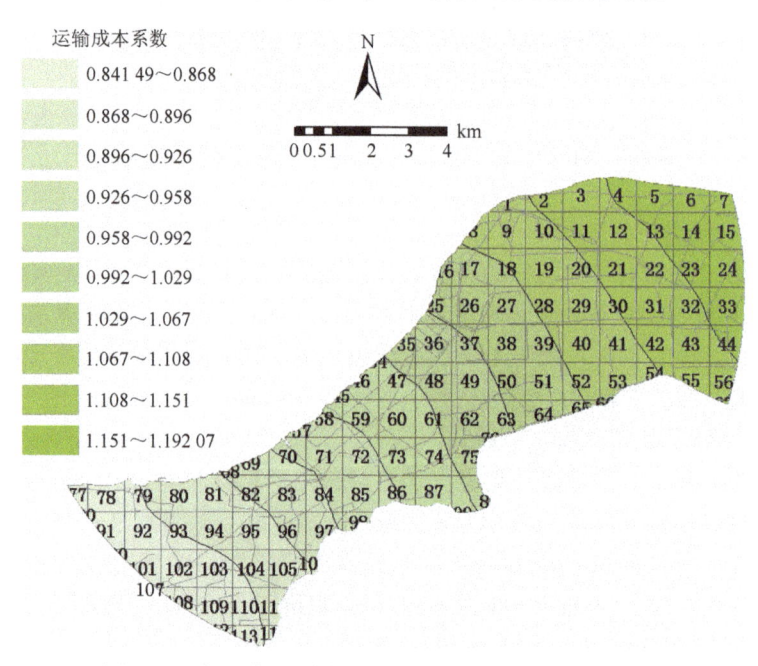

图 6-11 龙潭港口后勤区域至直接腹地的运输成本系数

2. 至间接腹地的运输成本

上海港口国际集装箱铁路运输起步于 20 世纪 90 年代，目前其内陆腹地国际集装箱铁路运输节点主要包括成都、重庆、昆明、长沙、西安、郑州、南昌、合肥、蚌埠、温州、义乌、南京等，2005 年上海港集装箱铁路集疏运运量达到 5.31 万 TEU，其中四川、陕西、浙江、河南、安徽五省所占比例达 85%[①]；上海市域已建有杨浦港站、军工路港站两个专门从事集装箱铁路运输的港站和芦潮港铁路集装箱中心站，其中芦潮港中心站主箱场面积为 679 273m^2、仓储面积为 5000m^2，是我国第一个铁路集装箱中心站。

目前，上海公路运输货运站点主要可归纳为四种类型：道路零担货运站、联运中转货运站、国际集装箱道路货运站（CFS）及省际货运配载市场，考虑规划（待建）主要货运枢纽功能定位及发展方向[②]，选取西北综合物流园、西南综合物流中心（原漕宝路货运枢纽站）以及与主要集装箱港区配套的集装箱公路组合站（包括宝山、淞南）作为主要公路中转枢纽；内河枢纽节点则重点考虑港区货物吞吐构成[③]，包括主要的和重要的内河港区，具体包括芦潮港内河港区、外高桥内河港区、蕴东和钱桥港区。结合对港区腹地的分析可以发现，军工路港站、杨浦港站、西北物流园、宝山货运站、淞南货运站、外高桥内河港区、蕴东港区到外高桥港区均处于经济范围内，其余站点到洋山港区则处于经济范围内。

1）外高桥保税物流园区

首先选取军工路港站、杨浦港站、西北物流园、宝山货运站、淞南货运站、外高桥内河港区、蕴东港区为对应腹地交通枢纽，运用 ArcView 网络分析模块，分别计算外高桥港口后勤区域候选点到上述交通枢纽的公路交通可达性并加权合成。其中，对于同种类型运输枢纽的可达性指数按照相同权重加权，如军工路港站、杨浦港站作为铁路枢纽站代表，其权重均为 0.5，以此类推。在此基础上，参考 2010 年上海港港口货物吞吐量中公路、水路和铁路运输方式分担比重，分别确定公路、铁路、水路交通枢纽的货运分担系数为 0.625、0.004 和 0.371，根据式（6-5）得到各候选点至间接腹地的运输成本系数格局，具体如图 6-12 所示。

根据图 6-12 的计算，外高桥港口后勤区域各候选点到铁路、公路、水路交通枢纽的公路交通可达性系数均表现出明显的圈层结构，各候选点至铁路、公路、

---

① 上海港统计公报（2006）。
② 《上海公路主枢纽客货运总体布局规划思路》（2000）。
③ 上海市港口管理局. 2004. 上海市内河航运发展规划；上海勘测设计研究院. 2008. 上海市内河港区布局规划。

水路交通枢纽的最小可达性指数分别为 0.5764、0.5708 和 0.5241,分别为第 63 号、第 63 号、第 38 号候选点;港口后勤区域各候选点至间接腹地的最小运输成本系数位于第 63 号候选点,其运输成本系数为 0.5811。外高桥保税物流园区所在候选点(第 27、28、39、40 号候选点交界处)到铁路、公路、港口的公路交通可达性指数分别为 1.076(1.1728、0.9873、1.0785)、0.9927(1.0712、1.0712、0.9433、1.0138)和 0.5775(0.5936、0.5936、0.5302、0.5252);其至间接腹地的运输成本系数分别为 0.8745、0.935、0.8254 和 0.874,分别位于第 97 位、第 112 位、第 80 位和第 96 位,整体处于中部水平。

2)洋山深水港物流园区

选取芦潮港铁路集装箱中心站、西南综合物流中心(原漕宝路货运枢纽站)、芦潮港内河港区作为腹地的主要交通枢纽,公路、铁路、水路交通枢纽的货运分担系数为 0.625、0.004 和 0.371,分别计算洋山各港口后勤区域候选点至中转腹地的运输成本系数,如图 6-13 所示。研究显示,洋山港口后勤区域各候选点到各交通枢纽的公路交通可达性指数也表现出明显的圈层结构;各候选点至铁路、公路、港口交通枢纽的最小可达性分别位于第 99 位、第 44 位和第 107 位,可达性指数分别为 0.0391、0.8935 和 0.741。各候选点到间接腹地的最小运输成本系数为 0.8912,位于第 44 号候选点;洋山深水港物流园区到间接腹地的运输成本系数为 1.0345,位于第 93 位,处于中部偏弱水平。

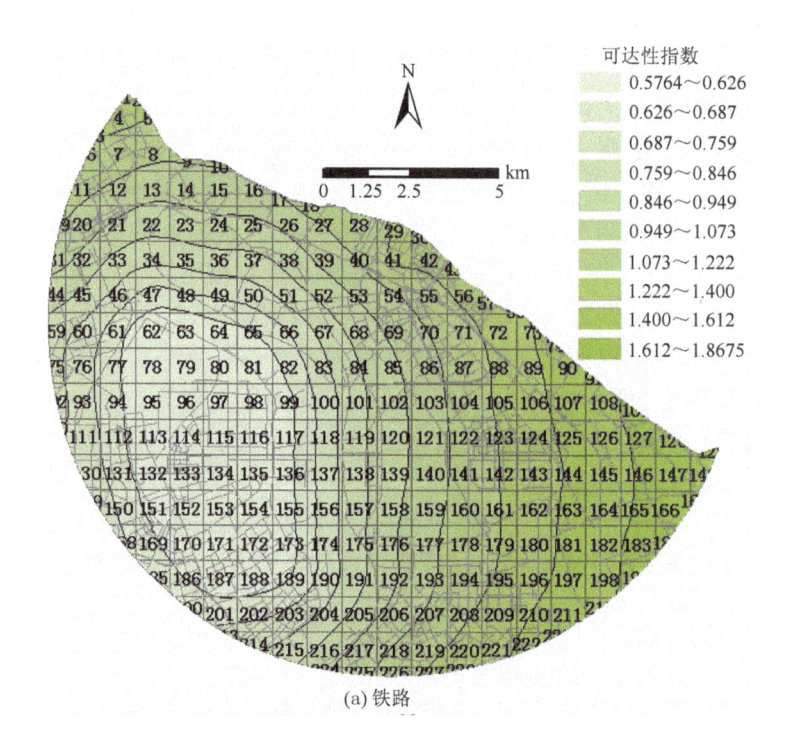

(a) 铁路

(b) 公路

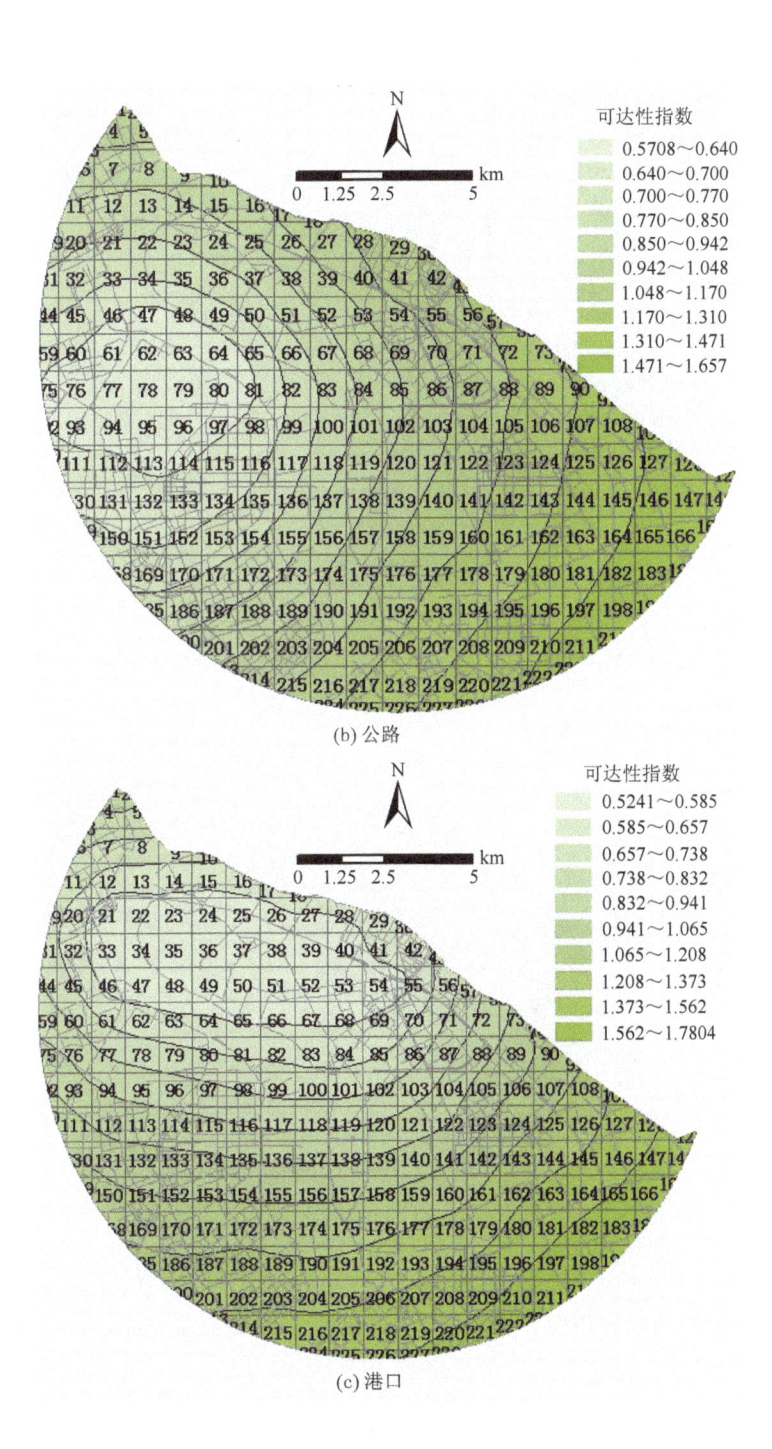

(c) 港口

(d) 运输成本系数

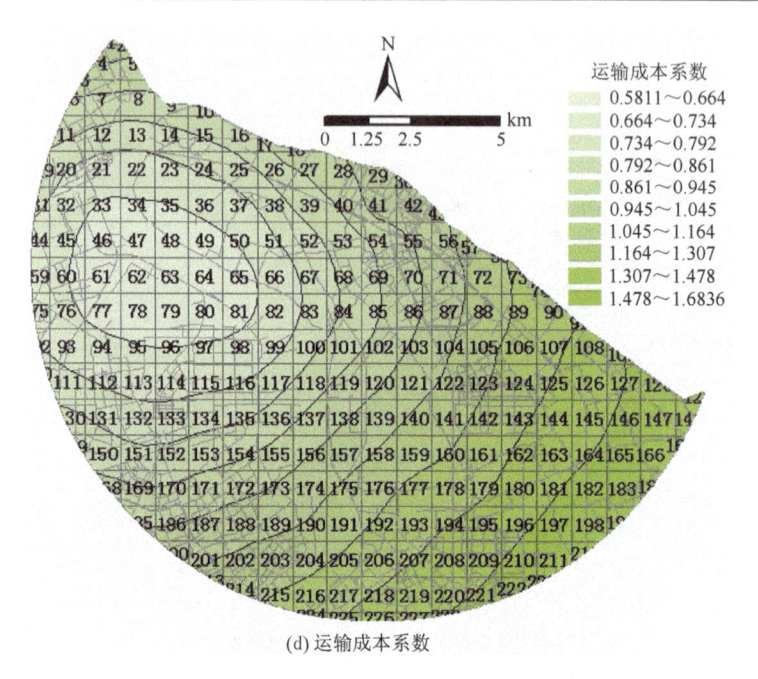

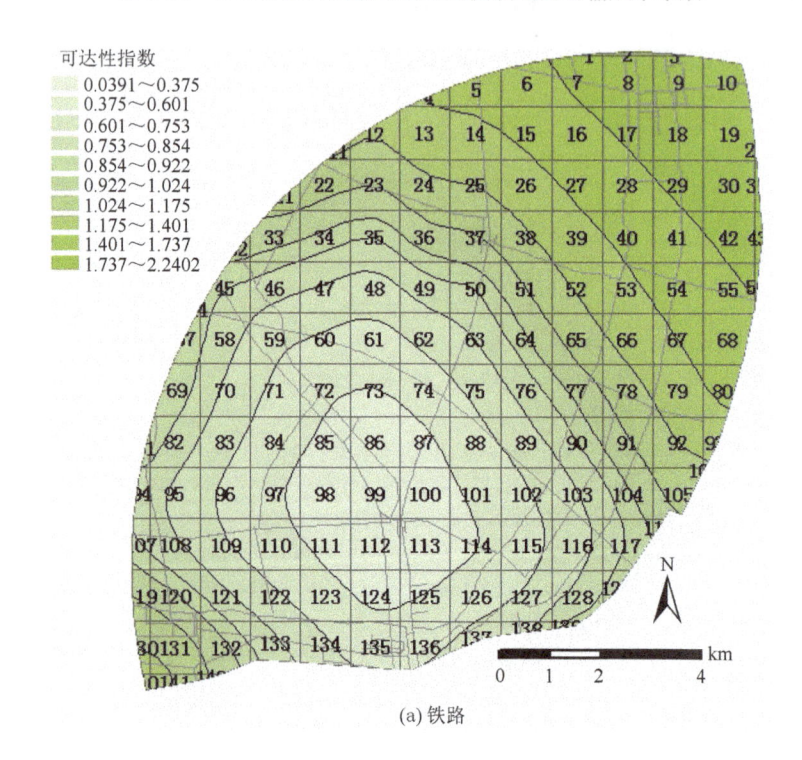

图 6-12 外高桥港口后勤区域至间接腹地的运输成本系数

(a) 铁路

(b) 公路

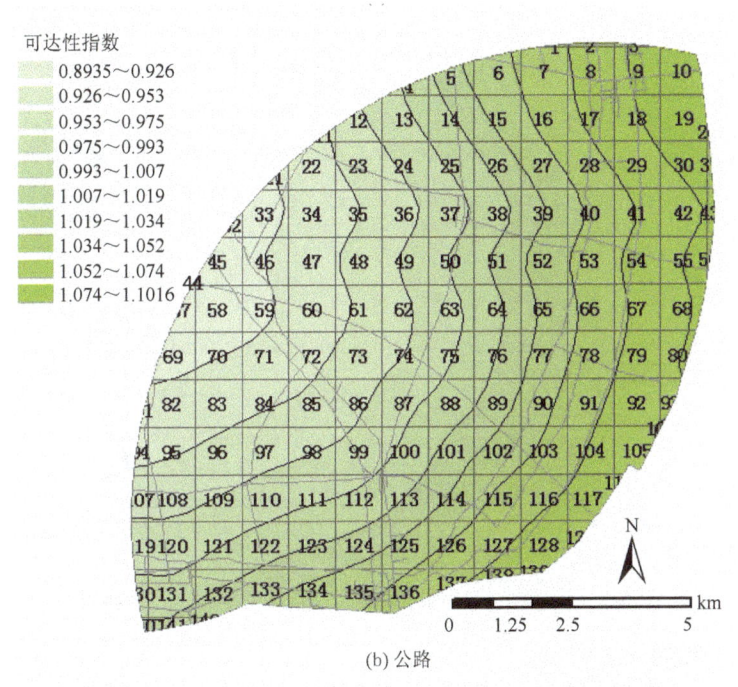

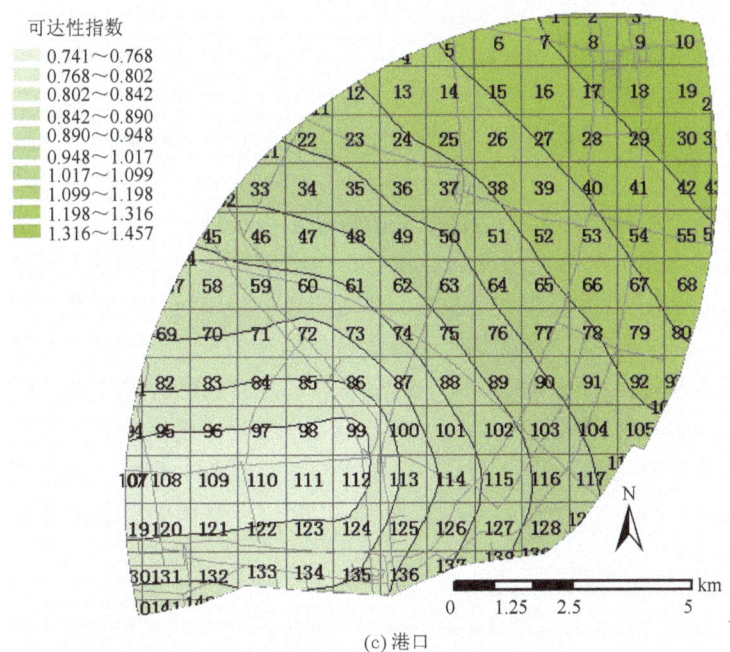

(c) 港口

(d) 运输成本系数

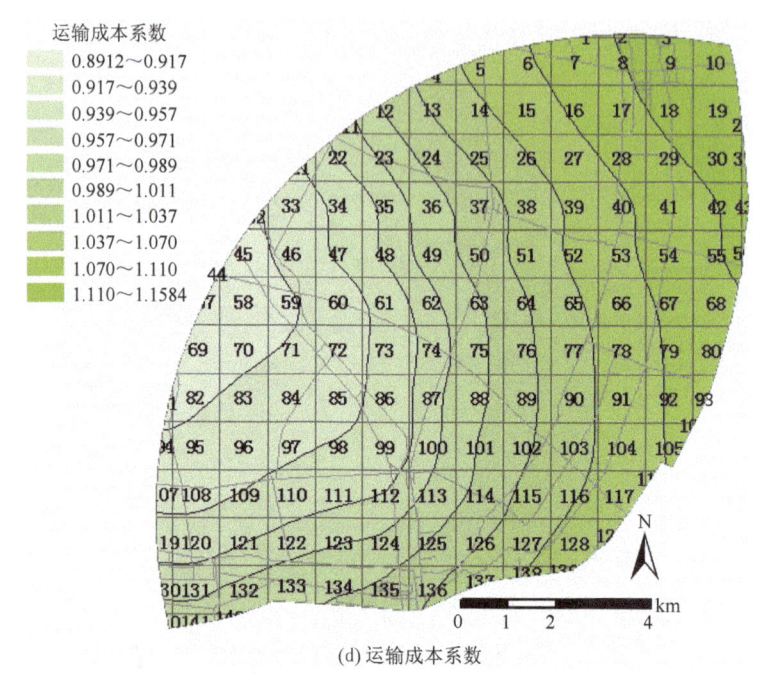

图 6-13 洋山港口后勤区域至间接腹地的运输成本系数

3）龙潭保税物流中心

选取火车东站和丁家庄物流基地（货运站）[①]，再次运用 ArcView 网络分析模块分别计算龙潭港口后勤区域各候选点到上述两类交通枢纽的公路交通可达性指数；参考南京港吞吐量中不同集疏运方式的比例，确定铁路、公路货运分担系数分别为 0.2 和 0.8。根据式（6-5）确定龙潭港口后勤区域各候选点至间接腹地的运输成本格局。

与其他类型可达性指数、运输成本指数基本格局相似，龙潭港口后勤区域各候选点到交通枢纽的公路交通可达性指数、运输成本指数均表现出明显的圈层结构（图 6-14）。其中，各候选点至铁路、公路的最小公路可达性指数分别为 0.4719 和 0.5678，且均位于第 77 号候选点；最大可达性指数则均位于第 7 号候选点。港口后勤区域各候选点到间接腹地最小运输成本系数为 0.550，位于第 77 号候选点，龙潭保税物流中心所在区位（第 36、37、48 和 49 号候选点交界处）至间接腹地的运输成本系数分别为 1.0242、1.0511、0.9804 和 1.0235，在所有候选点（114 个）中分别位列第 60 位、第 63 位、第 55 位和第 59 位，整体处于中部位置。

---

① 《南京市内河航道布局规划》中南京市域内河航道网最高等级为六级，六、七级航道总里程为 129km。例如，芜申运河南京段 5.7km 航段目前都为等外级航道，滁河南京段 120km 航道，只能通航 40～100t 级船舶，秦淮河只能通航 30～100t 级船舶。鉴于此，南京未考虑内河港口交通枢纽。

第6章 上海和南京港港口后勤区域区位选择

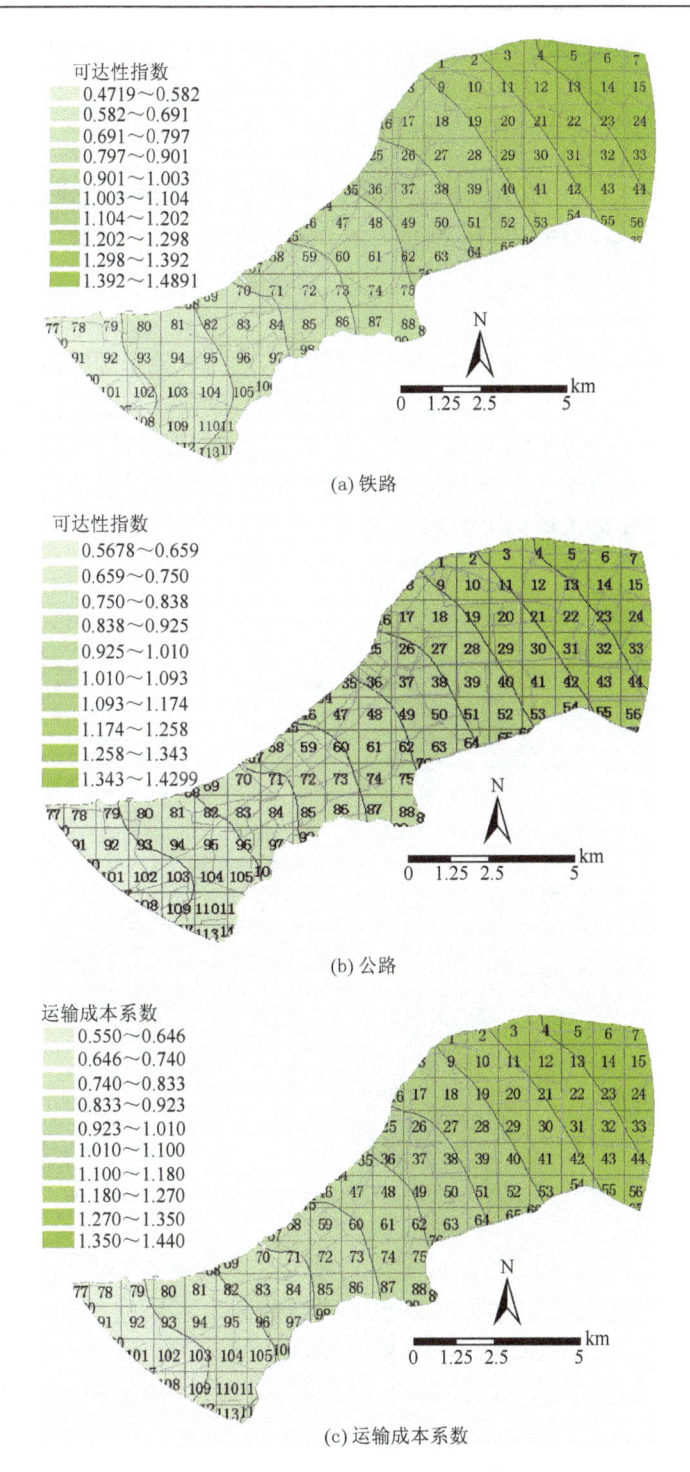

(a) 铁路

(b) 公路

(c) 运输成本系数

图 6-14 龙潭港口后勤区域至间接腹地的运输成本系数

3. 至腹地的综合运输成本

根据式（6-6），结合上述上海港、南京港港口后勤区域各候选点至直接腹地、间接腹地运输成本系数的计算，对上海港、南京港港口后勤区域各候选点至腹地的综合运输成本进行分析。

1）外高桥保税物流园区

2005~2007 年上海港完成集装箱吞吐量中，上海本地货源所占比重基本维持在 30%左右，江苏、浙江以及安徽、江西、湖北、湖南、重庆、四川等地货源比重达到 63%，其他省货源比重仅占 7%[①]。鉴于此，直接腹地（港口城市）、间接腹地的货运分担系数 α、β 分别确定为 0.3 和 0.7。外高桥港口后勤区域各候选点至腹地的综合运输成本格局如图 6-15 所示。

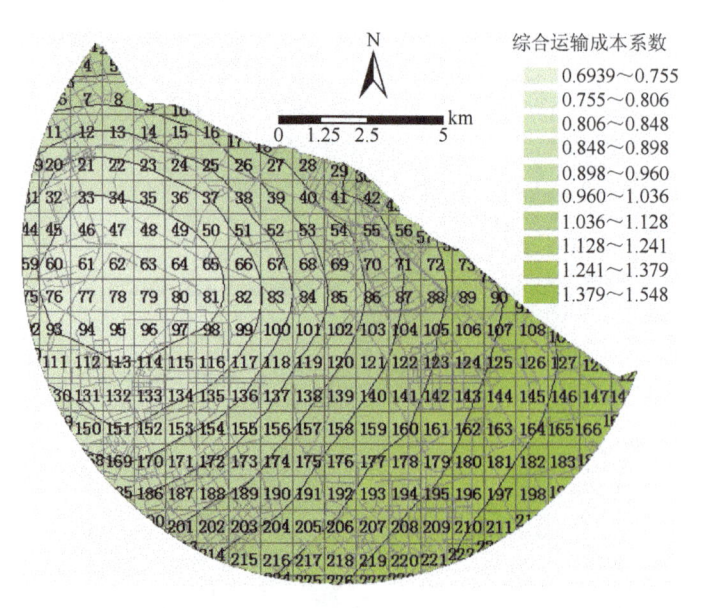

图 6-15 外高桥港口后勤区域至腹地的综合运输成本系数

研究显示（图 6-15），外高桥港口后勤区域各候选点至腹地的综合运输成本系数表现出明显的圈层结构，最小综合运输成本系数位于第 63 号候选点，综合运输成本系数为 0.6939；外高桥保税物流园区所在候选点（第 27、28、39、40 号候选点交界处）综合运输成本系数分别为 0.9445、0.9954、0.9034

---

① 上海港统计公报（2005~2007）。

和 0.9447，分别位列第 109 位、第 128 位、第 93 位和第 111 位，整体处于中部偏弱地位。

2) 洋山深水港物流园区

综上分析，洋山直接腹地（港口城市）、间接腹地的货运分担系数 α、β 也分别确定为 0.3 和 0.7。研究显示（图 6-16），洋山港口后勤区域各候选点至腹地的最小综合运输成本系数为 0.8908，位于第 44 号候选点，最大综合运输成本系数为 1.1551，位于第 20 号候选点。洋山深水港物流园区至腹地的综合运输成本系数为 1.0415，位列第 95 位，处于中部偏弱地位。

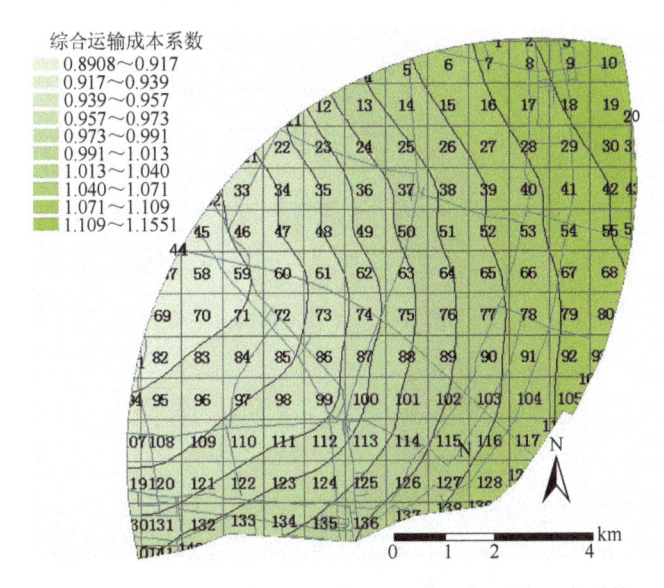

图 6-16　洋山港口后勤区域至腹地的综合运输成本系数

3) 龙潭保税物流中心

2005 年南京港集装箱吞吐量中，来自长江中上游的箱源所占比重为 35%，南京本地（南京经济圈）箱源所占比重达到 65%，其中南京市域装箱生成量约为 35 万 TEU，扣除流到其他港口约 5 万 TEU，实际从南京港中转约 30 万 TEU，占总量的比重为 50%。为此，确定直接腹地（港口城市）、间接腹地的货运分担系数 α、β 分别确定为 0.55 和 0.45，龙潭港口后勤区域至腹地的综合运输成本格局如图 6-17 所示。

研究显示，龙潭港口后勤区域各候选点至腹地的最小综合运输成本系数位于第 77 号候选点，其综合运输成本系数为 0.7107；最大综合运输成本系数位于第 7 号候选点，综合运输成本系数为 1.3039；龙潭物流保税物流中心（第 36、37、48、49 号候选点交界处）至腹地的综合运输成本系数分别为 1.0207、1.0385、0.9904

和1.0197，在所有候选点中分别位列第60位、第63位、第55位和第59位，整体处于中部位置。

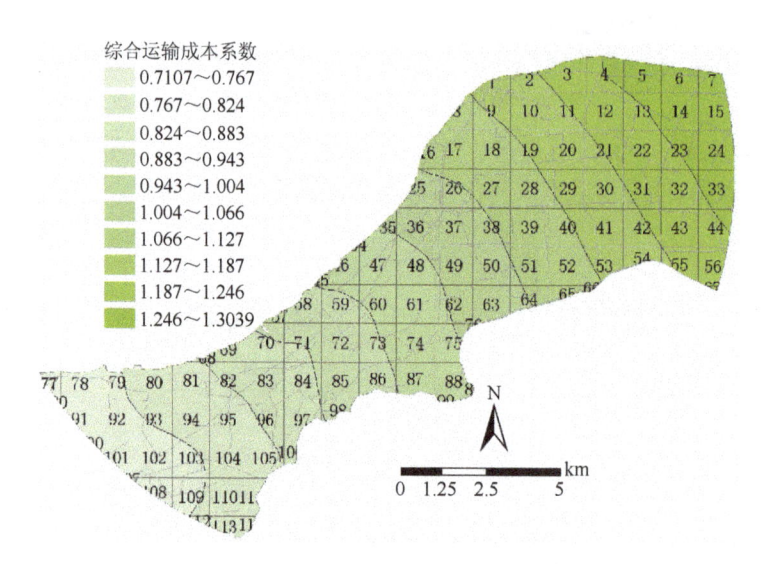

图6-17 龙潭港口后勤区域至腹地的综合运输成本系数

6.3 港口后勤区域区位选择

在上述港口后勤区域至港区、腹地（直接腹地、间接腹地）运输成本格局计算分析的基础上，运用式（6-7）对上海、南京港港口后勤区域的综合运输成本进行评价，明确其区位选择方向，其中ϕ、φ均为0.5。

6.3.1 外高桥保税物流园区

综合运输成本系数的计算显示（图6-18），外高桥港口后勤区域候选点最小综合运输成本为0.5718，位于第29号候选点；最大综合运输成本为1.4962，位于第223号候选点。

外高桥保税物流园区所在候选点（第27、28、39、40号候选点交界处）的综合运输成本系数分别为0.663、0.6357、0.6114和0.5782，分别位列第16位、第10位、第6位和第2位。结合土地开发利用现状可以发现（图6-19），第29号候选点已无开发空间。鉴于此，未来该港口后勤区域应向第40号候选点方向拓展。

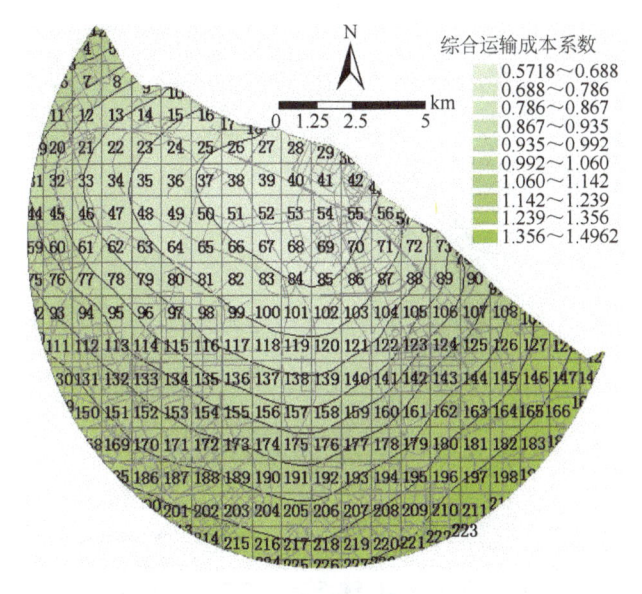

图 6-18 外高桥港口后勤区域综合运输成本系数

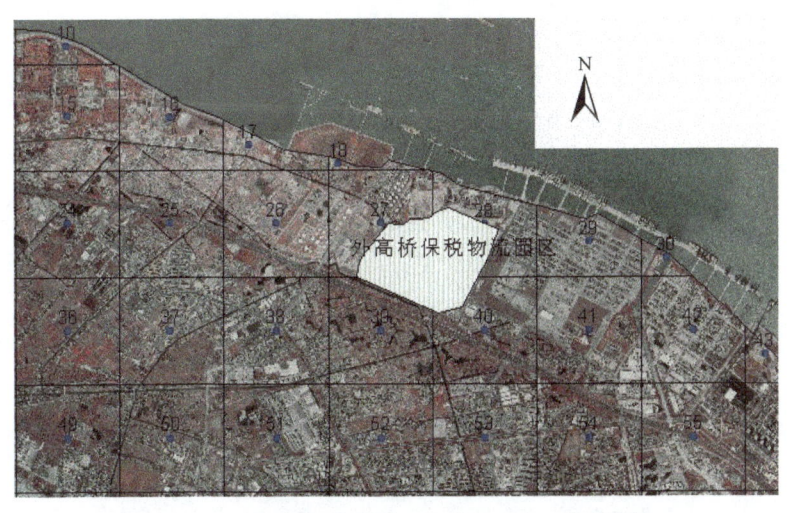

图 6-19 外高桥保税物流园区周边候选点开发利用情况

6.3.2 洋山深水港物流园区

综合运输成本系数的计算显示（图 6-20），洋山港口后勤区域候选点最小综合运输成本系数为 0.5643，为第 117 号候选点；最大综合运输成本系数为 1.299，为第 10 号候选点。洋山深水港物流园区位于第 116 号候选点，综合运输成本系数为 0.5278，位于第 2 位，区位条件优越，未来应向第 117 号候选点拓展。

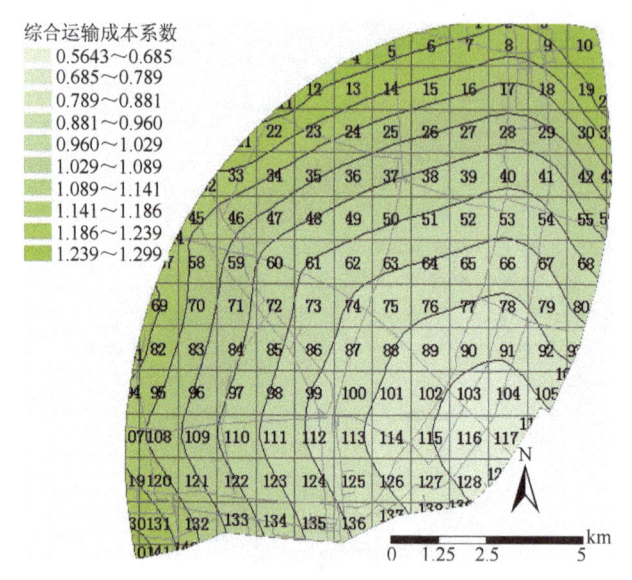

图 6-20 洋山港口后勤区域综合运输成本系数

6.3.3 龙潭保税物流中心

综合运输成本系数的计算显示（图 6-21），龙潭港口后勤区域最小综合运输成本系数为 0.5745，位于第 36 号候选点；最大综合运输成本系数为 1.4424，位于第 7 号候选点。

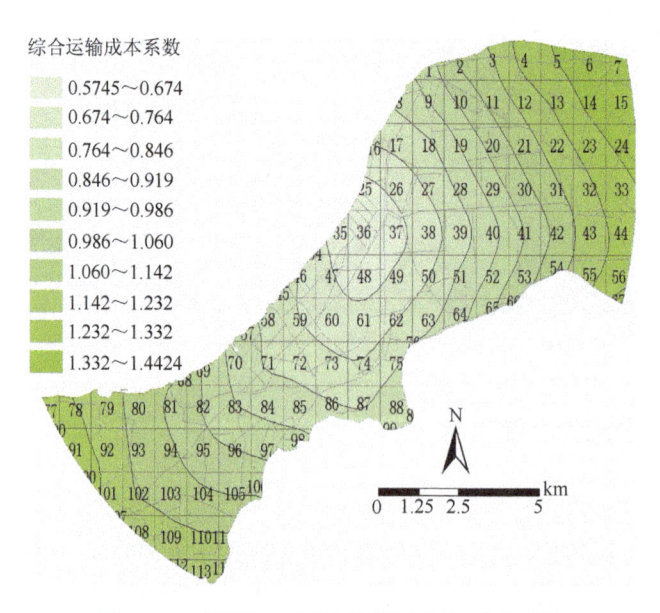

图 6-21 龙潭港口后勤区域综合运输成本系数

龙潭保税物流中心位于第36、37、48、49号候选点交界处,其综合运输成本系数分别为0.5745、0.6431、0.633和0.6961,分别位列第1位、第3位、第5位和第7位。考虑到第35号、第25号候选点所在区位及第36号候选点西北部受港口建设的影响,开发空间有限,未来该港口后勤区域应向西(第48号、第47号候选点)发展。

6.4 小　　结

设施布局的区位-再区位是当前供应链管理中的重要战略决策问题。借鉴已有相关成果,本章在选择港口后勤区域候选点的基础上,运用 ArcView 网络分析模块,首先对各候选点至港区、各候选点至直接腹地及各候选点至间接腹地的运输成本系数做了测算;进而通过各候选点综合运输成本的计算,结合相关区位开发空间的判别,探讨了上海和南京港港口后勤区域的区位选择方向。

(1) 港口后勤区域至港区运输成本系数的计算显示,外高桥保税物流园区所在候选点至港区的运输成本系数分别为0.3814、0.2759、0.3195和0.2118,整体处于较高水平;洋山深水港物流园区至港区的运输成本系数为0.2141,处于较高水平;龙潭保税物流中心所在候选点至港区的运输成本系数分别为0.2477、0.2757和0.3725,整体处于较高水平。

(2) 外高桥保税物流园区所在候选点至腹地的运输成本系数分别为0.9445、0.9954、0.9034和0.9447,整体处于中部偏弱地位;洋山深水港物流园区至腹地的综合运输成本系数为1.0415,处于中部偏弱地位;龙潭物流保税物流中心所在候选点至腹地的综合运输成本系数分别为1.0217、1.0409、0.9904和1.0212,整体处于中部位置。

(3) 港口后勤区域综合运输成本的计算显示,外高桥保税物流园区所在候选点的综合运输成本系数分别为0.663、0.6357、0.6114和0.5782,区位条件较好;洋山深水港物流园区的综合运输成本系数为0.5278,区位条件优越;龙潭保税物流中心所在候选点的综合运输成本系数分别为0.5745、0.6431、0.633和0.6961,整体条件较优。

(4) 结合综合运输成本系数及相关区位开发空间分析,外高桥保税物流园区应向第40号候选点方向拓展;洋山深水港物流园区应向第117号候选点拓展;龙潭保税物流中心则应向西(第48号、第47号候选点)发展。

第 7 章 结论与展望

7.1 主要结论

作为一个科学新概念,港口后勤区域是空间上与主要港口区域相对隔离、功能上与港口紧密相连的储存、分拣、加工、配送的物流活动区域,其基本内涵可从空间分布、服务对象以及功能演化三个视角加以考量,不同学科的相关研究存在明显差异。本书基于前人的相关研究,首先界定了港口后勤区域的基本内涵,归纳演绎了港口后勤区域形成演化的影响机制及演化模式。在此基础上,分析了上海和南京港港口后勤区域的形成演化过程,探讨了港口后勤区域空间效应。最后在分析港口后勤区域候选点综合运输成本的基础上,对未来上海和南京港港口后勤区域区位选择做了探讨。本书主要结论如下:

(1)港口后勤区域的形成演化机理。随着港口物流活动的日益扩大,与港口后勤服务相关的各类功能区发展正处在快速变化之中。受不同层面要素、资源流动、产业转移及政策等的影响,港口后勤区域发展表现出一定的阶段性特征,但全球供应链发展与港口功能演化、外部规模经济与企业合作推动、区域交通网络布局与资源禀赋以及城市发展需求与发展政策导向始终是各阶段港口后勤区域演化的重要驱动力。在一般情况下,港口后勤区域的演化过程遵循初步发育、非均衡拓展、非均衡快速扩张和高度分化四阶段演化模式。

(2)上海和南京港港口后勤区域的形成演化过程。总体上看,目前上海和南京港港口后勤区域发展已进入第三阶段中后期,但上海部分港口后勤区域演化已表现出第四阶段发展的部分典型特征。其中,自港口成立初期至 1949 年,上海和南京港港口后勤区域形态经历了由原始形态的仓栈向传统形态库场转变,港口后勤区域间的相互影响初步显现,整体港口后勤区域处于初步发育阶段。在以计划经济为主的社会主义经济管理体制下,港口以运输功能为主,随着社会经济发展需求的上升,传统港口后勤区域得到发展,但受计划体制的影响,港口后勤区域间的相互影响仍停留在一定水平。20 世纪 80 年代以来,社会主义市场经济体制开始确立,港口集疏运网络不断完善,集装箱运输开始受到各港重视,港口功能不断演化,特别是随着浦东的开发开放和"长江国际航运中心"战略的推进,围绕内陆主要节点的港口后勤区域开始出现,港口后勤区域间腹地影响比较普遍。

(3)港口后勤区域空间效应分析。作为一种新产业空间,港口后勤区域利用其优越的区位优势及后勤服务载体对城市及周边土地综合开发利用产生影响。

对外高桥保税物流园区周边土地利用结构演化的分析显示，整体上保税物流园区周边土地利用结构向非均衡状态发展；离保税物流园区越近，各种用地类型面积差别越大，土地利用越单一。运用土地利用程度综合指数、土地利用程度动态指数以及分形方法对港口后勤区域周边土地综合利用评价的研究显示，港口周边一定范围内的土地综合利用程度不断提高，开发强度不断加大；土地综合利用表现出明显的轴向特征；建设用地扩展呈明显的蔓延态势，在 1km 范围内的影响最为明显。

运用灰色关联分析法对外高桥保税区与上海市关联效应的分析显示，两者均值关联度总体呈上升态势，关联效应趋于强化，但表现出一定的波动性。保税区与城市关联发展所呈现的特征是城市服务联系、运输联系、保税区建设规模等内部因素和外部因素（港口功能演变及区域港口体系的演化、区域发展需求的上升及周边港口后勤区域的兴起、区域交通集疏运条件的制约作用）综合作用的结果。

（4）港口后勤区域区位选择。通过对上海和南京港港口后勤区域候选点至港区、至直接腹地、间接腹地的综合运输成本系数的分析，未来上海外高桥保税物流园区应向东南方向拓展，上海洋山深水港物流园区应向南拓展，南京龙潭保税物流中心则应向西发展。

7.2 创 新 点

目前学术界对港口后勤区域的相关研究主要集中在工程学、经济学和管理学领域，地理学尤其是港口地理学主要从中宏观尺度对相关研究领域展开探讨，但港口后勤区域形成演化的深层机理研究均相对薄弱，从微观尺度对港口陆域可达性、港口后勤区域发展的城市及土地综合利用等效应研究缺失。本书首先分析了港口后勤区域的形成演化机理，并以上海和南京港港口后勤区域为实证对象，研究其形成演化过程、空间效应及区位选择等问题，作者认为本书在以下几方面具有创新性元素。

（1）归纳演绎了港口后勤区域四阶段演化模式。港口后勤区域的发展受到内外部因素的综合影响，综合考虑区位、功能、发展规模以及港口后勤区域空间效应、港城系统、港口功能演化等因素，作者认为港口后勤区域的演化过程遵循初步发育、非均衡拓展、非均衡快速扩张和高度分化四阶段演化模式。

（2）从中微观尺度探讨了港口后勤区域空间效应。运用多种数理模型从微观层面分析了港口后勤区域发展的空间效应，为相关领域研究提供了新的视角和中国范例。

（3）为港口地理学的深化提供了新的理论和方法。本书将综合运输成本相关概念引入港口地理学，通过对上海和南京港港口后勤区域候选点综合运输成本的比选，给出了港口后勤区域最优区位，探讨了各港口后勤区域区位选择方向。

7.3 展　　望

港口后勤区域作为一个科学新概念本身存在较强的复杂性，尽管本书给出了港口后勤区域空间组织机理研究的理论框架，但受到认识水平、资料获取和处理技术等诸多方面条件的限制，仍存在一定不足和待完善之处。

（1）本书对微观尺度的港口后勤区域空间效应时序研究尚存在一定的局限性。本书仅对外高桥保税物流园区 2003 年以来的土地开发利用响应状况做了分析，这一方面是由于现代港口后勤区域本身发展的时间较短；另一方面则受微观层面相关资料的限制。对微观层面的港口后勤区域空间效应做进一步深入分析，是未来需要进一步考虑的问题。

（2）本书给出了基于综合运输成本的上海和南京港港口后勤区域区位选择方向，应该说这是物流区位优化的一个较为有效的实现途径。今后如何结合企业调查访谈，综合分析港口后勤区域的最优区位也是需要进一步探讨的问题。

（3）港口后勤区域功能及发展规模优化问题。港口后勤区域的发展优化涉及功能、规模、区位等方面，上述三方面密切相关。本书仅对港口后勤区域的区位优化做了分析，对各类港口后勤区域的功能、规模也需做进一步分析。

参考文献

安筱鹏, 韩增林. 2001. 东北集装箱运输内陆中转站的发展设想. 经济地理, 21 (4): 442-446.
曹卫东. 2012. 港航企业区位特征及其空间关联——以上海港口后勤区为例. 地理研究, 31 (6): 1079-1088.
曹小曙, 阎小培. 2003. 经济发达地区交通网络演化对通达性空间格局的影响——以广东省东莞市为例. 地理研究, 22 (3): 305-312.
曹小曙, 薛德升, 阎小培. 2005. 中国干线公路网络联结的城市通达性. 地理学报, 60 (6): 903-910.
曹小曙, 张凯, 马林兵, 等. 2007. 火车站地区建设用地功能组合及空间结构——以广州站和广州东站为例. 地理研究, 26 (6): 1265-1273.
曹有挥. 1999. 集装箱港口体系的演化模式研究——长江下游集装箱港口体系的实证分析. 地理科学, 19 (6): 485-490.
曹有挥, 毛汉英, 许刚. 2001. 长江下游港口体系的职能结构. 地理学报, 56 (5): 590-598.
曹有挥, 曹卫东, 金世胜, 等. 2003. 中国沿海集装箱港口体系的形成演化机理. 地理学报, 58 (3): 424-432.
曹有挥, 李海建, 陈雯. 2004. 中国集装箱港口体系的空间结构与竞争格局. 地理学报, 59 (6): 1020-1027.
曹有挥. 2009. 河港地域系统研究——以长江下游（干流）沿岸诸港为例. 南京: 南京大学博士学位论文.
车前进. 2008. 基于分形理论的徐州城镇空间形态演变研究. 徐州: 徐州师范大学硕士学位论文.
陈航, 栾维新, 王跃伟. 2009. 我国港口功能与城市功能关系的定量分析. 地理研究, 28 (2): 475-483.
陈军飞, 许长新, 严以新. 2004. 用数据包络分析法对港口水运上市公司经营效率的评价. 上海海事学院学报, 25 (1): 51-55.
陈颖彪, 周倩仪, 李雁. 2009. 基于 GIS 的南沙国际物流园区空间布局研究. 物流技术, 28 (3): 9-11.
陈再齐, 曹小曙, 阎小培. 2005. 广州港经济发展及其与城市经济的互动关系研究. 经济地理, 25 (3): 373-378.
狄乾斌, 韩增林. 2005. 从港城关系看大连东北亚国际航运中心建设. 海洋开发与管理, (02): 94-96.
董洁霜. 2007. 港口集疏运系统优化模型. 上海理工大学学报, 29 (5): 453-456.
方琴. 2008. 贵州区域内无水港的优化选址. 贵州工业大学学报（自然科学版）, 37 (6): 91-97.
冯永玫, 刘妙龙. 2007. 基于遥感的上海市土地利用时空结构演变研究. 水土保持通报, 14 (4): 233-235.
傅立. 1992. 灰色系统理论及其应用. 北京: 科学技术文献出版社.
甘国辉, 王健. 2005. 腹地空间经济模型在港口服务潜力评估中的应用——以大连港为例. 中国科学院研究生院学报, 22 (3): 364-369.
高鸿丽. 2000. 长江三角洲地区港口与区域经济关系及港口群合理定位的研究. 上海: 上海海运

学院硕士学位论文.

高小真. 1988. 港、市关系与港城关系发展探析——以我国北方海港城市为例. 北京：中国科学院地理科学与资源研究所博士学位论文.

高小真. 1990. 短缺经济中的港市相互作用. 地域研究与开发，（2）：10-15.

顾亚竹. 2008. 港口物流园区战略管理. 北京：中国物资出版社.

郭辉. 2005. 集装箱码头生产效率分析——我国集装箱码头生产效率与世界其他集装箱码头生产效率的比较分析. 大连：大连海事大学硕士学位论文.

郭建科，韩增林. 2006. 试论现代物流业与港口城市空间再造——以大连市为例. 人文地理，(6)：80-86.

韩增林. 1995. 试论环渤海地区港口运输体系的建设与布局. 经济地理，15（1）：79-84.

韩增林，安筱鹏. 2001. 东北集装箱运输网络的建设与优化探讨. 地理科学，21（4）：309-314.

韩增林，安筱鹏，王利. 2002. 中国国际集装箱运输网络的布局与优化. 地理学报，57（4）：479-488.

韩增林，王成金. 2002. 再论环渤海港口运输体系的建设与布局. 人文地理，17（3）：86-89.

韩增林，李亚军，王利. 2003. 城市物流园区及配送中心布局规划研究——以大连市物流园区建设规划为例. 地理科学，23（5）：535-541.

胡华颖. 1993. 城市·空间·发展——广州城市内部空间分析. 广州：中山大学出版社.

胡序威，杨冠雄. 1990. 中国沿海港口城市. 北京：科学出版社.

黄芳，陶杰. 2007. 港口物流集疏运系统网络结构优化分析. 交通运输工程与信息学报，5（2）：80-84.

黄飞舞. 2000. 上海港与区域经济关系研究. 上海：上海海运学院硕士学位论文.

黄盛璋. 1951. 中国港市之发展. 地理学报，（1）：5-10.

吉阿兵，朱道立. 2005. 基于极效率 DEA 模型的港口绩效评价. 系统工程，23（4）：119-122.

贾若祥，刘毅，马丽. 2006. 企业合作与区域发展. 北京：科学出版社.

姜石良，杨山. 2004. 港口城市发展模式及发展策略. 规划师，20（11）：93-96.

金凤君，王晖军. 2002. 环黄海经济圈航运中心与运输网络一体化发展战略研究. 经济地理，22（6）：665-670.

金凤君，王姣娥. 2004. 二十世纪中国铁路网扩展及其空间通达性. 地理学报，59（2）：293-302.

金凤君，王成金，李秀伟. 2008. 中国区域交通优势的甄别方法与应用分析. 地理学报，63（8）：787-798.

金志伟. 2007. 上海港集装箱集疏运系统优化研究. 上海：上海海事大学硕士学位论文.

孔庆瑜，施其洲，孙焰，等. 2005. 基于多目标决策的集装箱物流通道研究. 同济大学学报，33（4）：476-481.

匡海波，陈树文. 2007. 中国港口生产效率研究与实证. 科研管理，28（5）：170-177.

梁双波，曹有挥，吴威，等. 2007. 全球化背景下的南京港城关联发展效应分析. 地理研究，26（3）：599-608.

梁双波，曹有挥，曹卫东，等. 2008. 长三角集装箱港口体系的偏移增长与演化模式. 地理科学进展，27（5）：95-102.

梁双波，曹有挥，吴威. 2011. 港口后勤区域形成演化机理——以上海港为例. 地理研究，30（12）：2150-2162.

梁双波,曹有挥,吴威.2013a.上海大都市区港口物流企业的空间格局演化.地理研究,32(8):1448-1456.
梁双波,曹有挥,吴威.2013b.基于综合交通运输成本的港口后勤区域区位评价——以上海外高桥保税物流园区为例.长江流域资源与环境,22(7):825-831.
林艳君.2004.宁波城市空间形态演化过程及优化研究.城市规划,(12):53-57.
刘桂云,阮士平.2009.港口区域化的发展模式.宁波大学学报(理工版),22(1):148-151.
刘建军,杨浩.2004.港口枢纽集装箱运输的组织优化研究.土木工程学报,37(10):99-104.
鲁子爱.2002.港口建设规模优化研究.河海大学学报(自然科学版),30(5):62-66.
陆锋,陈洁.2008.武汉城市圈城市区位与可达性分析.地理科学进展,27(4):68-74.
陆玉麒,董平.2009.经济地理区位分析的思路与方法.地理科学进展,28(3):301-306.
吕锋.1997.灰色系统关联度之分辨系数的研究.系统工程理论与实践,(6):49-54.
吕顺坚,董延丹.2007.我国无水港的发展.水运管理,29(8):20-22.
吕媛媛.2007.我国集装箱港口效率评价研究.大连:大连海事大学硕士学位论文.
罗正齐.1991.港口经济学.北京:学苑出版社.
马彩雯,邢舵,李季涛.2008.基于改进模糊聚类的东北集装箱运输内陆中转站布局研究.大连交通大学学报,29(6):53-57.
毛汉英.1996.山东省可持续发展指标体系初步研究.地理研究,15(4):16-23.
孟陈,李俊祥,朱颖,等.2007.粒度变化对上海景观格局分析的影响.生态学杂志,26(7):1138-1142.
宁涛.2003.港口经济影响研究.大连:大连海事大学硕士学位论文.
庞瑞芝,子璇.2006.我国主要沿海港口的动态效率评价.经济研究,41(6):92-100.
戚馨,韩增林.2008.辽宁省主要港口物流效率分析.海洋开发与管理,(6):22-26.
荣朝和,魏际刚,胡斌.2001.集装箱多式联运与综合物流:形成机理及组织协调.北京:中国铁道出版社.
沈玮峰.2006.大型港口开发与区域经济发展.南京:南京农业大学硕士学位论文.
宋炳良.2001.港口内陆空间通达性与国际航运中心建设.经济地理,21(4):447-450.
孙志才,肖姗.2009.基于数据包络分析中国沿海省市港口经济相对效率评价.地域研究与开发,28(1):32-36.
陶经辉.2006.物流园区数量确定和选址规划研究.软科学,20(2):66-70.
田佐臣.2007.我国集装箱码头陆域纵深的确定.水运管理,29(12):12-15.
汪燕.2008.武汉城市圈港口物流园区协同研究.物流技术,27(11):24-26.
王成金,金凤君.2006.中国海上集装箱运输的组织网络研究.地理科学,26(4):392-401.
王成金.2008.现代港口地理学的研究进展及展望.地球科学进展,23(3):243-251.
王成金.2012.集装箱港口网络形成演化与发展机制.北京:科学出版社.
王海平,刘秉镰.2001.港口与城市经济发展.北京:中国经济出版社.
王金婷.2008.辽宁省港口与区域经济关系有效性评价研究.大连:大连海事大学硕士学位论文.
王明文,关宏志,刘兰辉,等.2003.港口城市规划中港口的功能定位——以温州港为例.北京工业大学学报,29(1):43-46.
王涛.2008.港口对港口城市经济发展的影响研究——以青岛港为例.青岛:中国海洋大学硕士学位论文.

王铮,邓悦,葛昭攀,等.2003.理论经济地理学.北京:科学出版社.
魏后凯.2006.现代区域经济学.北京:经济管理出版社.
吴传均,高小真.1989.海港城市的成长模式.地理研究,8(4):9-15.
吴威,曹有挥,曹卫东,等.2006.长江三角洲公路网络的可达性空间格局及其演化.地理学报,61(10):1065-1074.
吴威,曹有挥,曹卫东,等.2007.开放条件下长江三角洲区域的综合交通可达性空间格局.地理研究,26(2):391-402.
吴威,曹有挥,曹卫东,等.2009.区域综合运输成本的空间格局研究——以江苏省为例.地理科学,29(4):485-492.
徐继琴.1997.港口城市成长的理论与实证探讨.地域研究与开发,16(4):20-24.
徐建,曹有挥,孙伟.2009.基于公路运输成本的长三角轴—辐物流网络的构建.地理研究,28(4):911-919.
徐建华.2002.现代地理学中的数学方法.北京:高等教育出版社.
徐杏.2003.上海国际航运中心的竞争优势分析.南京:河海大学博士学位论文.
徐学强,周素红.2003.20世纪80年代以来我国城市地理学研究的回顾与展望.经济地理,23(4):433-440.
徐永健,阎小培.2000.城市滨水区旅游开发初探——北美的成功经验及其启示.经济地理,20(1):99-102.
徐永健,阎小培,徐学强.2001.西方现代港口与城市、区域发展研究述评.人文地理,16(4):28-33.
徐质斌,朱毓政.2004.关于港口经济和港城一体化的理论分析.湛江海洋大学学报,24(5):7-12.
许继琴.1997.港口城市成长的理论与实证探讨.地域研究与开发,(4):11-14.
杨华龙,任超,王清斌,等.2005.基于数据包络分析的集装箱港口绩效评价.大连海事大学学报,(1):51-54.
杨露萍,胡云超,纪寿文.2007.物流园区集装箱堆场面积的模糊计算.物流科技,(7):104-105.
杨睿.2006.内陆"干港"及其选址研究.上海:上海海事大学硕士学位论文.
杨吾扬,张国武.1986.交通运输地理学.北京:商务印书馆.
杨学工,杨贺.2007.现代港口物流产业组织的空间布局.水运管理,29(2):9-13.
易志云,胡建新.2000.我国沿海港口城市的结构分析及发展走势.天津商学院学报,20(5):14-18.
于敏,刘改,陈怡.2008.集装箱港口与周边场站协调发展研究——以大连口岸为例.中国水运,8(11):37-38.
袁丰.2011.大都市制造业集聚格局、机理与城市化效应研究——以苏州和无锡为例.北京:中国科学院研究生院博士学位论文.
詹立宇.2010.台湾产业地理集中水准及其影响要素之研究.(台湾)地理学报,58:25-47.
张景秋,杨吾扬.2002.中国临海地带空间结构演化及其机制分析.经济地理,22(5):559-563.
张莉,陆玉麒.2006.基于陆路交通网的区域可达性评价——以长江三角洲为例.地理学报,61(12):1235-1246.
张明香.2007.上海港对区域经济的动态影响研究.上海:上海海事大学硕士学位论文.

张文尝，金凤君，荣朝和，等. 1992. 空间运输联系——理论研究·实证分析·预测方法. 北京：中国铁道出版社.

张兆民. 2008. 模糊 C-均值聚类在内陆无水港选址中的应用. 上海海事大学学报, 29（4）: 34-37.

赵晶，徐建华，梅安新，等. 2004. 上海市土地利用结构和形态演变的信息熵与分维分析. 地理研究, 23（2）: 137-145.

赵晓卓，王利，韩增林. 2005. 现代物流环境下城市仓储设施规划原则与方法探讨——以大连市为例. 地域研究与开发, 24（6）: 52-55.

赵新正，宁越敏，魏也华. 2011. 上海外资生产空间演变及影响因素. 地理学报, 66（10）: 1390-1402.

郑弘毅. 1991. 港口城市探索. 开封：河南大学出版社.

钟昌标，林炳耀. 2000. 一种港口社会效益定量分析方法的探讨——以宁波港为例. 经济地理, 20（3）: 70-73.

周平德，周剑倩. 2008. 穗、深、港港口和航空物流与区域经济增长的关系研究. 广州大学学报（社会科学版）, 7（9）: 45-50.

周正柱. 2007. 我国保税区和国际物流发展的互动效应分析. 交通企业管理, (7): 58-59.

周枝荣. 2007. 港口与城市的空间关系研究. 天津：天津大学硕士学位论文.

朱长征，董千里. 2009. 国际陆港基础理论研究与探讨. 物流技术, 28（1）: 17-19.

朱传耿，刘波，李志江. 2009. 港口-腹地关联性测度及驱动要素研究——以连云港港口-淮海经济区为例. 地理研究, 28（3）: 716-725.

朱晓宁. 2004. 集装箱货运站选址的模糊聚类模型与算法. 运筹与管理, 13（5）: 91-94.

庄大方，刘纪远. 1997. 中国土地利用程度的区域分异模型研究. 自然资源学报, 12(2): 105-111.

Aiginger K, Davies S W. 2004. Industrial specialisation and geographic concentration: two sides of the same coin? Not for the European Union. Journal of Applied Economics, 3（2）: 231-248.

Aiginger K, Pfaffermayer M. 2004. The single market and geographic concentration in Europe. Review of International Economics, 12（1）: 1-11.

Avriel M, Penn M. 1993. Exact and approximate solutions of the container ship stowage problem. Computers and Industrial Engineering, (25): 271-274.

Avriel M, Penn M, Shpirer N. 2000. Container ship stowage problem: complexity and connection to the colouring of circle graphs. Discrete Applied Mathematics, (103): 271-279.

Ballis A, Golias J. 2004. Towards the improvement of a combined transport chain performance. European Journal of Operational Research Elsevier, 152（2）: 420-436.

Bazzazi M, Safaei N, Javadian N. 2009. A genetic algorithm to solve the storage space allocation problem in a container terminal. Computers & Industrial Engineering, 56（1）: 44-52.

Bendall H, Stent A. 1987. On measuring cargo handling productivity. Maritime Policy and Management, 14（4）: 337-343.

Bichou K, Gray R. 2004. A logistics and supply chain management approach to port performance measurement. Maritime Policy and Management, 31（1）: 47-67.

Bischoff E E, Marriott M D. 1990. A comparative evaluation of heuristics for container loading. European Journal of Operations Research, (44), 267-276.

Brooks M R, Cullinane K. 2007. Devolution, Port Governance and Port Performance. London: JAI.

Brulhart M, Traeger R. 2005. An account of geographic concentration patterns in Europe. Regional Science and Urban Economics, 35 (6): 597-624.

Chang S. 1978. Production function, productivities and capacity utilisation of the port of mobile. Maritime Policy and Management, (5): 297-305.

Chow L R. 1986. An algorithm and experimental design for the computer control of containers in the port. International Journal on Policy and Information, 10 (2): 31-42.

Chu C, Huang W. 2002. Aggregate crane handling capacity of container terminals: the port of Kaohsiung. Maritime Policy and Management, 29 (4): 341-350.

Combes P, Mayer T, Thisse J. 2008. Economic Geography: the Integration of Regions and Nations. Princeton: Princeton University Press.

Coto-Millan P, Banos-Pino J, Rodriguez-Alvarea A. 2000. Economic efficiency in Spanish ports: some empirical evidence. Maritime Policy and Management, 27 (2): 169-174.

Cullinane K, Khanna M. 2000. Economies of scale in large container ships: optimal size and geographical implications. Journal of Transport Geography, (8): 181-195.

Cullinane K, Song D W. 2006. Estimating the relative efficiency of European container ports: a stochastic frontier analysis. Research in Transportation Economics, (16): 85-115.

Daganzo C F. 1989. The crane scheduling problem. Transportation Research B: Methodological, (3): 159-175.

Daganzo C F. 1990. Crane productivity and ship delay in ports. Transportation Research Record, 125 (1): 1-9.

Daniels P. 1985. Serices Industries: A Geographical Appraisal. London: Methuen.

David F B. 1995. Network cities: creative urban agglomerations for the 21st century. Urban Studies, 32 (2): 313-327.

Dowd T J, Leschine T M. 1990. Container terminal productivity: a perspective. Maritime Policy and Management, 17 (2): 107-112.

Ducruet C, Jeong O. 2005. European port-city interface and its Asian application. Anyang: Korea Research Institute for Human Settlements.

Ellison G, Glaeser E L. 1997. Geographic concentration in U. S. manufacturing industries: a dartboard approach. Journal of Political Economy, 105 (5): 889-927.

Gleave M B. 1997. Port activities and the spatial structure of cities: the case of Freetown, Sierra Leone. Journal of Transport Geography, 5 (4): 257-275.

Goetz A, Rodrigue J. 1999. Transportation terminals: new perspectives. Journal of Transport Geography, (7): 237-240.

Gonzalez M M, Trujillo L. 2008. Reforms and infrastructure efficiency in Spain's container ports. Transportation Research Part A, (42): 243-257.

Hesse M, Rodrigue J P. 2004. The transport geography of logistics and freight distribution. Journal of Transport Geography, (12): 171-184.

Ho W, Lee C K M, Ho G T S. 2008. Optimization of the facility location-allocation problem in a customer-driven supply chain. Operations Management Research, 1 (1): 69-79.

Imai A, Nishimura E, Papadimitriu S, 2002. The containership loading problem. International Journal of Maritime Economics, (4): 126-148.

Kim K H, Bae J W. 1998. Re-marshaling export containers in port container terminals. Computers and Industrial Engineering, 35 (3/4): 655-658.

Kim K H, Kim H B. 2002. The optimal sizing of the storage space and handling facilities for import containers. Transportation Research, (36): 821-835.

Kim M, Sachish A. 1986. The structure of production technical change and productivity in a port. Journal of Industrial Economics, 35 (2): 209-223.

Klink V A. 1995. Towards the Borderless Mainport Rotterdam: An analysis of Functional, Spatial and Administrative Dynamics in Port Systems. Tinbergen Institute Research Series.

Kreukels T, Wever E. 1998. North Sea Ports in Transition: Changing Tides. Assen: Rayal Van Gorcum. .

Krugman P. 1991a. Increasing returns and economic geography. Journal of Political Economy, 99: 483-499.

Krugman P. 1991b. Geography and Trade. Cambridge: MIT Press.

Lai K K, Lam K. 1994. A study of container yard equipment allocation strategy in Hong Kong. International Journal of Modeling and Simulation, 14 (3): 134-138.

Lee S W. 2005. A Study of Port Performance Related to Port Backup Area in ESCAP Region. Seoul: Korea Maritime Institute.

Lee S W, Song D W. 2005. Hong Kong and Singapore: Port Cities or City Port? Cyprus: IAME Conference 2005: 23-25.

Lee S W, Song D W, Ducruet C. 2008. A tale of Asia's world ports: the spatial evolution in global hub port cities. Geoforum, 39 (1): 372-385.

Mano Y, Otsuka K. 2000. Agglomeration economies and geographical concentration of industries: a case study of manufacturing sectors in postwar Japan. Journal of the Japanese and International Economies, 14 (3): 189-203.

Maurel F, Sédillot B. 1999. A measure of the geographic concentration in french manufacturing industries. Regional Science and Urban Economics, 29 (5): 575-604.

McCalla R. 1994. Canadian Container: How have they fares? How will they do? Maritime Policy and Management, 21 (3): 207-217.

Midelfart-Knarvik K H, Overman H G, Venables A J. 2000. The Location of European Industry. Economic Papers from Directorate General Economic and Monetary Affairs, European Commission.

Narasimhan A, Palekar U S. 2002. Analysis and algorithms for the transtainer routing problem in ontainer port operations. Transportation Science, 36 (1): 63-78.

Ng K Y A, Gujar G C. 2008. The spatial characteristics of inland transport hubs: evidences from Southern India. Journal of Transport Geography, 17 (5): 346-356.

Norcliffe G, Bassett K, Hoare T. 1996. The emergence of postmodernism on the urban waterfront. Journal of Transport Geography, 4 (2): 123-134.

Noritake M, Kimura S. 1983. Optimum number and capacity of seaport berths. Journal of Waterway, Port, Coastal and Ocean Engineering, 109 (33): 323-339.

Noritake M, Kimura S. 1990. Optimum allocation and size of seaports. Journal of Waterway, Port,

Coastal and Ocean Engineering, 116 (2): 287-299.

Notteboom T E. 1997. Concentration and the load center development in the European Container Port System. Journal of Transport Geography, 5 (2): 9-15.

Notteboom T E, Rodrigue J P. 2005. Port regionalization: towards a new phase in port development. Maritime Policy & Management, 32 (3): 297-313.

Notteboom T, Coeck C, Van Den Broeck J. 2000. Measuring and explaining the relative efficiency of container terminals by means of Bayesian Stochastic Frontier Models. International Journal of Maritime Economics, (2): 83-106.

Notteboom T. 2007. Strategic challenges to container ports in a changing market environment. Research in Transportation Economics, (17): 29-52.

Notteboom T. 2010. Concentration and the formation of multi-port gateway regions in the European container port system: an update. Journal of Transport Geography, 18 (4): 567-583.

Noyelle T, Stanback T. 1984. The Economic Transformation of American Cities. Totawa: Rowman & Allanheld.

Pearson R. 1980. Containerline Performance and Service Quality. Liverpool: University of Liverpool.

Pedersen P O. 2001. Freight transport under globalisation and its impact on Africa. Journal of Transport Geography, (9): 85-99.

Peterkofsky R I, Daganzo C F. 1990. A branch and bound method for the crane scheduling problem. Transportation Research B: Methodological, 24 (3): 159-172.

Rimmer P J. 1967. The changing status of New Zealand seaports, 1853-1960. Annals of the Association of America Geographers, (57): 42-54.

Robinson D. 1999. Measurements of port productivity and container. Terminal Design: A Cargo Systems Report. London: IIR Publications.

Robinson R. 2002. Ports as elements in value-driven chain systems: the new paradigm. Maritime Policy and Management, (29): 241-255.

Rodrigue J P. 1999. Globalization and the synchronization of transport terminals. Journal of Transport Geography, (7): 255-261.

Roso V, Woxenius J, Olandersson G. 2006. Organization of Swedish Dry Port Terminals. Goteborg: Chalmers University of Technology Division of Logistics and Transportation.

Roso V. 2007. Evaluation of the dry port concept from an environmental perspective: a note. Transportation Research, (12): 523-527.

Roso V, Woxenius J, Lumsden K. 2008. The dry port concept: connecting container seaports with the hinterland. Journal of Transport Geography, 17 (5): 338-345.

Rutten B C M. 1998. The design of a terminal network for intermodal transport. Transport Logistics, (1): 279-298.

Sachish A. 1996. Productivity functions as a managerial tool in Israeli ports. Maritime Policy and Management, 23 (4): 341-369.

Sassen S. 1991. The Global City: New York, London, Tokyo. Princeton: Princeton University Press.

Schonfeld P, Frank S. 1984. Optimizing the use of a containership berth. Transportation Research Record, (984): 56-62.

Schonfeld P, Asce A M, Sharafeldien O. 1985. Optimal berth and crane combinations in container ports. Journal of Waterway, Port, Coastal and Ocean Engineering, 111 (6): 1060-1072.

Slack B. 1985. Containerization inter-port competition and port selection. Maritime Policy and Management, 12 (4): 293-303.

Slack B. 1999. Satellite terminals: a local solution to hub congestion? Journal of Transport Geography, (7): 241-246.

Taaffe E J, Morrill R L, Gould P R. 1963. Transport expansion in underdeveloped countries: a comparative analysis. Geographical Review, 53 (4): 503-529.

Taleb-Ibraimi M, De Castilho B, Daganzo C F. 1993. Storage space vs handling work in container terminals. Transportation Research B: Methodological, (27): 13-32.

Talley W K. 1994. Performance indicators and port performance evaluation. The Logistics and Transportation Review, 30 (4): 339-352.

Talley W. 1998. Optimum throughput and performance evaluation of marine terminals. Maritime Policy & Management, 10 (13): 57-66.

Taniguchi E, Noritake M, Yamada T, et al. 1999. Optimal size and location planning of public logistics terminals. Transportation Research Part E, (35): 207-222.

Tsui-Auch L S. 1999. Regional production relationship and development impacts: a comparative study of three regional networks. International Journal of Urban and Regional Research, 23 (2): 345-359.

Turner R K, Lorenzoni I, Beaumont N, et al. 1998. Coastal management for sustainable development: analysing environment land socio-economic changes on the UK coast. The Geographical Journal, 164 (3): 269-281.

Wang J J, Cheng M C. 2010. From a hub port city to a global supply chain management center: a case study of Hong Kong. Journal of Transport Geography, 18 (1): 104-115.

Weille D J, Ray A. 1974. The optimum port capacity. Journal of Transport Economics and Policy, (3): 244-259.

Wilmsmeier G, Hoffmann J, Sanchez R J. 2006. The impact of port characteristics on international maritime transport costs. Research in Transportation Economics, (16): 117-140.

Wilson I D, Roach P. 2000. Container stowage planning: a methodology for generating computerised solutions. Journal of the Operational Research Society, 51 (11): 248-1255.

Zhang C Q, Liu J Y, Wan Y W, et al. 2003. Storage space location in container terminals. Transportation Research, (37): 883-903.

附表 外高桥保税区各要素与城市各要素相互作用矩阵（1995～2010 年）

1995 年		外高桥保税区各要素					
		X_{13}	X_{14}	X_{15}	X_{16}	X_{17}	X_{18}
城市各要素	X_1	0.67	0.46	0.82	0.56	0.59	0.69
	X_2	0.62	0.52	0.49	0.86	0.69	0.67
	X_3	0.65	0.45	0.80	0.55	0.58	0.67
	X_4	0.60	0.51	0.48	0.84	0.67	0.65
	X_5	0.70	0.47	0.88	0.59	0.62	0.73
	X_6	0.65	0.54	0.51	0.93	0.73	0.71
	X_7	0.71	0.80	0.59	0.89	0.83	0.68
	X_8	0.78	1.00	0.90	0.57	0.68	0.71
	X_9	0.67	0.46	0.82	0.56	0.59	0.69
	X_{10}	0.62	0.52	0.49	0.87	0.69	0.67
	X_{11}	0.69	0.47	0.85	0.58	0.61	0.72
	X_{12}	0.64	0.53	0.50	0.90	0.72	0.69

1996 年		外高桥保税区各要素					
		X_{13}	X_{14}	X_{15}	X_{16}	X_{17}	X_{18}
城市各要素	X_1	0.63	0.45	0.78	0.53	0.53	0.53
	X_2	0.62	0.50	0.48	0.87	0.68	0.63
	X_3	0.62	0.45	0.76	0.52	0.53	0.52
	X_4	0.60	0.49	0.47	0.85	0.67	0.62
	X_5	0.67	0.47	0.83	0.55	0.56	0.56
	X_6	0.65	0.52	0.50	0.94	0.73	0.67
	X_7	0.75	0.80	0.62	1.00	0.97	0.98
	X_8	0.78	0.94	0.89	0.57	0.70	0.76
	X_9	0.64	0.46	0.79	0.53	0.54	0.54
	X_{10}	0.63	0.50	0.49	0.89	0.69	0.64
	X_{11}	0.69	0.48	0.87	0.57	0.58	0.57
	X_{12}	0.67	0.53	0.52	0.99	0.75	0.69

1997 年		外高桥保税区各要素					
		X_{13}	X_{14}	X_{15}	X_{16}	X_{17}	X_{18}
城市各要素	X_1	0.61	0.47	0.72	0.51	0.54	0.54
	X_2	0.62	0.49	0.49	0.86	0.68	0.60

附表　外高桥保税区各要素与城市各要素相互作用矩阵（1995～2010年）

续表

1997年		外高桥保税区各要素					
		X_{13}	X_{14}	X_{15}	X_{16}	X_{17}	X_{18}
城市各要素	X_3	0.60	0.46	0.71	0.50	0.54	0.54
	X_4	0.62	0.49	0.49	0.85	0.67	0.60
	X_5	0.65	0.49	0.78	0.54	0.58	0.57
	X_6	0.67	0.52	0.52	0.95	0.73	0.64
	X_7	0.72	0.93	0.61	0.93	0.83	0.84
	X_8	0.70	1.00	1.00	0.53	0.64	0.72
	X_9	0.61	0.47	0.72	0.51	0.55	0.54
	X_{10}	0.63	0.49	0.49	0.87	0.68	0.61
	X_{11}	0.72	0.53	0.89	0.59	0.63	0.63
	X_{12}	0.75	0.56	0.56	0.93	0.83	0.72

1998年		外高桥保税区各要素					
		X_{13}	X_{14}	X_{15}	X_{16}	X_{17}	X_{18}
城市各要素	X_1	0.54	0.42	0.59	0.43	0.50	0.49
	X_2	0.57	0.43	0.44	0.84	0.61	0.53
	X_3	0.54	0.42	0.59	0.43	0.50	0.49
	X_4	0.57	0.43	0.44	0.84	0.61	0.52
	X_5	0.59	0.45	0.65	0.46	0.54	0.53
	X_6	0.63	0.46	0.47	0.98	0.68	0.58
	X_7	0.70	0.92	0.63	0.96	0.79	0.81
	X_8	0.66	0.95	1.00	0.48	0.61	0.73
	X_9	0.54	0.42	0.59	0.43	0.50	0.49
	X_{10}	0.57	0.43	0.44	0.84	0.61	0.53
	X_{11}	0.67	0.50	0.75	0.51	0.61	0.60
	X_{12}	0.72	0.51	0.52	0.85	0.78	0.65

1999年		外高桥保税区各要素					
		X_{13}	X_{14}	X_{15}	X_{16}	X_{17}	X_{18}
城市各要素	X_1	0.53	0.44	0.56	0.42	0.53	0.49
	X_2	0.58	0.43	0.45	0.76	0.56	0.52
	X_3	0.53	0.44	0.56	0.42	0.54	0.49
	X_4	0.59	0.43	0.45	0.76	0.56	0.52
	X_5	0.62	0.50	0.65	0.47	0.62	0.56
	X_6	0.68	0.48	0.51	0.94	0.65	0.60
	X_7	0.75	0.97	0.71	0.86	0.75	0.87
	X_8	0.67	0.90	1.00	0.53	0.70	0.78
	X_9	0.54	0.44	0.56	0.42	0.54	0.49

续表

1999 年		外高桥保税区各要素					
		X_{13}	X_{14}	X_{15}	X_{16}	X_{17}	X_{18}
城市各要素	X_{10}	0.59	0.43	0.45	0.77	0.57	0.52
	X_{11}	0.67	0.53	0.71	0.50	0.67	0.60
	X_{12}	0.75	0.51	0.54	0.96	0.72	0.65

2000 年		外高桥保税区各要素					
		X_{13}	X_{14}	X_{15}	X_{16}	X_{17}	X_{18}
城市各要素	X_1	0.58	0.56	0.61	0.49	0.62	0.55
	X_2	0.56	0.50	0.53	0.73	0.62	0.58
	X_3	0.59	0.56	0.62	0.49	0.63	0.55
	X_4	0.56	0.51	0.53	0.74	0.62	0.59
	X_5	0.70	0.66	0.74	0.56	0.76	0.65
	X_6	0.66	0.59	0.63	0.92	0.75	0.70
	X_7	0.88	0.96	0.83	0.85	0.81	0.98
	X_8	0.96	0.90	1.00	0.68	0.82	0.89
	X_9	0.64	0.60	0.67	0.52	0.69	0.6
	X_{10}	0.60	0.54	0.57	0.82	0.68	0.64
	X_{11}	0.70	0.66	0.74	0.56	0.76	0.65
	X_{12}	0.66	0.59	0.63	0.92	0.75	0.70

2001 年		外高桥保税区各要素					
		X_{13}	X_{14}	X_{15}	X_{16}	X_{17}	X_{18}
城市各要素	X_1	0.46	0.45	0.61	0.33	0.58	0.43
	X_2	0.45	0.36	0.40	0.96	0.49	0.46
	X_3	0.45	0.44	0.59	0.32	0.56	0.42
	X_4	0.44	0.35	0.39	0.91	0.48	0.45
	X_5	0.53	0.52	0.72	0.36	0.68	0.48
	X_6	0.51	0.39	0.45	0.83	0.56	0.53
	X_7	0.53	0.55	0.42	1.00	0.44	0.59
	X_8	0.56	0.82	0.65	0.34	0.50	0.54
	X_9	0.43	0.44	0.35	0.70	0.37	0.47
	X_{10}	0.45	0.60	0.50	0.29	0.41	0.43
	X_{11}	0.85	0.88	0.59	0.59	0.63	1.00
	X_{12}	0.91	0.68	0.88	0.44	0.77	0.85

2002 年		外高桥保税区各要素					
		X_{13}	X_{14}	X_{15}	X_{16}	X_{17}	X_{18}
城市各要素	X_1	0.89	0.97	0.94	0.59	0.79	0.77
	X_2	1.00	0.69	0.86	0.58	0.65	0.89

附表　外高桥保税区各要素与城市各要素相互作用矩阵（1995~2010年）

续表

2002年		外高桥保税区各要素					
		X_{13}	X_{14}	X_{15}	X_{16}	X_{17}	X_{18}
城市各要素	X_3	0.88	0.96	0.95	0.59	0.79	0.76
	X_4	0.99	0.69	0.86	0.58	0.64	0.88
	X_5	0.75	0.81	0.88	0.53	0.94	0.66
	X_6	0.83	0.61	0.73	0.65	0.57	0.75
	X_7	0.58	0.55	0.52	0.86	0.47	0.65
	X_8	0.54	0.71	0.59	0.39	0.77	0.58
	X_9	0.33	0.32	0.31	0.41	0.29	0.35
	X_{10}	0.32	0.37	0.34	0.26	0.39	0.33
	X_{11}	0.65	0.62	0.58	0.98	0.52	0.74
	X_{12}	0.60	0.82	0.67	0.42	0.90	0.65

2003年		外高桥保税区各要素					
		X_{13}	X_{14}	X_{15}	X_{16}	X_{17}	X_{18}
城市各要素	X_1	0.75	0.67	0.72	0.71	0.66	0.77
	X_2	0.66	0.70	0.68	0.79	1.00	0.73
	X_3	0.75	0.67	0.72	0.71	0.66	0.77
	X_4	0.66	0.70	0.69	0.79	1.00	0.73
	X_5	0.83	0.73	0.79	0.79	0.73	0.86
	X_6	0.73	0.78	0.76	0.88	0.88	0.81
	X_7	0.82	0.73	0.78	0.78	0.72	0.85
	X_8	0.72	0.77	0.75	0.87	0.89	0.80
	X_9	0.44	0.41	0.43	0.42	0.41	0.45
	X_{10}	0.41	0.42	0.42	0.45	0.54	0.43
	X_{11}	0.78	0.69	0.74	0.74	0.68	0.80
	X_{12}	0.69	0.73	0.71	0.82	0.95	0.76

2004年		外高桥保税区各要素					
		X_{13}	X_{14}	X_{15}	X_{16}	X_{17}	X_{18}
城市各要素	X_1	0.60	0.51	0.60	0.51	0.57	0.57
	X_2	0.56	0.51	0.52	0.76	0.68	0.56
	X_3	0.60	0.51	0.60	0.52	0.58	0.57
	X_4	0.56	0.51	0.52	0.77	0.69	0.56
	X_5	0.66	0.55	0.66	0.56	0.63	0.63
	X_6	0.61	0.56	0.57	0.87	0.77	0.62
	X_7	1.00	0.80	1.00	0.82	0.98	0.96
	X_8	0.93	0.81	0.83	0.74	0.83	0.94
	X_9	0.58	0.49	0.58	0.50	0.55	0.55
	X_{10}	0.54	0.50	0.50	0.73	0.65	0.54

续表

2004年		外高桥保税区各要素					
		X_{13}	X_{14}	X_{15}	X_{16}	X_{17}	X_{18}
城市各要素	X_{11}	0.87	0.69	0.87	0.70	0.82	0.80
	X_{12}	0.79	0.70	0.71	0.86	0.99	0.79

2005年		外高桥保税区各要素					
		X_{13}	X_{14}	X_{15}	X_{16}	X_{17}	X_{18}
城市各要素	X_1	0.46	0.38	0.48	0.38	0.45	0.43
	X_2	0.42	0.38	0.39	0.59	0.49	0.46
	X_3	0.45	0.38	0.47	0.38	0.45	0.43
	X_4	0.41	0.38	0.39	0.58	0.48	0.45
	X_5	0.56	0.45	0.58	0.45	0.55	0.52
	X_6	0.49	0.45	0.46	0.76	0.60	0.56
	X_7	0.88	0.84	0.83	0.82	0.91	1.00
	X_8	1.00	0.82	0.88	0.62	0.78	0.88
	X_9	0.61	0.48	0.64	0.48	0.60	0.56
	X_{10}	0.53	0.48	0.50	0.87	0.67	0.61
	X_{11}	0.63	0.49	0.66	0.49	0.61	0.58
	X_{12}	0.55	0.49	0.51	0.90	0.69	0.63

2006年		外高桥保税区各要素					
		X_{13}	X_{14}	X_{15}	X_{16}	X_{17}	X_{18}
城市各要素	X_1	0.59	0.48	0.69	0.48	0.58	0.54
	X_2	0.58	0.48	0.49	0.82	0.59	0.59
	X_3	0.58	0.47	0.67	0.47	0.56	0.53
	X_4	0.57	0.47	0.48	0.79	0.58	0.58
	X_5	0.62	0.51	0.74	0.50	0.61	0.57
	X_6	0.61	0.50	0.51	0.89	0.63	0.63
	X_7	0.87	0.95	0.71	0.92	0.89	1.00
	X_8	0.89	0.92	0.98	0.61	0.86	0.86
	X_9	0.77	0.60	0.96	0.59	0.75	0.69
	X_{10}	0.76	0.59	0.61	0.98	0.78	0.78
	X_{11}	0.67	0.54	0.81	0.53	0.66	0.61
	X_{12}	0.66	0.53	0.55	0.99	0.68	0.68

2007年		外高桥保税区各要素					
		X_{13}	X_{14}	X_{15}	X_{16}	X_{17}	X_{18}
城市各要素	X_1	0.64	0.52	0.78	0.52	0.62	0.58
	X_2	0.74	0.52	0.53	0.91	0.60	0.64
	X_3	0.64	0.52	0.78	0.52	0.62	0.58

附表 外高桥保税区各要素与城市各要素相互作用矩阵（1995~2010年）

续表

2007年		外高桥保税区各要素					
		X_{13}	X_{14}	X_{15}	X_{16}	X_{17}	X_{18}
城市各要素	X_4	0.74	0.52	0.53	0.91	0.60	0.64
	X_5	0.64	0.52	0.78	0.52	0.62	0.58
	X_6	0.74	0.52	0.53	0.90	0.60	0.64
	X_7	0.83	0.94	0.67	0.95	0.86	0.96
	X_8	0.70	0.93	0.95	0.60	0.90	0.83
	X_9	0.90	0.69	0.90	0.69	0.87	0.79
	X_{10}	0.96	0.68	0.70	0.78	0.83	0.91
	X_{11}	0.68	0.55	0.85	0.55	0.67	0.61
	X_{12}	0.80	0.55	0.56	1.00	0.64	0.68

2008年		外高桥保税区各要素					
		X_{13}	X_{14}	X_{15}	X_{16}	X_{17}	X_{18}
城市各要素	X_1	0.64	0.53	0.8	0.54	0.62	0.59
	X_2	0.75	0.54	0.55	0.94	0.63	0.66
	X_3	0.64	0.53	0.79	0.53	0.65	0.59
	X_4	0.76	0.53	0.55	0.92	0.63	0.65
	X_5	0.65	0.54	0.79	0.53	0.66	0.59
	X_6	0.75	0.53	0.55	0.93	0.64	0.68
	X_7	0.84	0.96	0.69	0.95	0.86	0.98
	X_8	0.72	0.94	0.97	0.63	0.92	0.86
	X_9	0.91	0.66	0.93	0.67	0.84	0.79
	X_{10}	0.97	0.67	0.73	0.79	0.86	0.95
	X_{11}	0.69	0.53	0.87	0.56	0.69	0.66
	X_{12}	0.82	0.53	0.57	0.93	0.66	0.69

2009年		外高桥保税区各要素					
		X_{13}	X_{14}	X_{15}	X_{16}	X_{17}	X_{18}
城市各要素	X_1	0.66	0.54	0.83	0.58	0.62	0.63
	X_2	0.76	0.55	0.56	0.95	0.63	0.68
	X_3	0.68	0.57	0.79	0.57	0.68	0.64
	X_4	0.74	0.58	0.58	0.95	0.66	0.65
	X_5	0.65	0.53	0.79	0.56	0.69	0.62
	X_6	0.76	0.56	0.59	0.94	0.68	0.68
	X_7	0.84	0.97	0.69	0.95	0.89	0.98
	X_8	0.72	0.93	0.98	0.63	0.94	0.89
	X_9	0.98	0.67	0.94	0.69	0.86	0.83

续表

2009 年		外高桥保税区各要素					
		X_{13}	X_{14}	X_{15}	X_{16}	X_{17}	X_{18}
城市各要素	X_{10}	0.94	0.69	0.77	0.82	0.88	0.97
	X_{11}	0.66	0.54	0.89	0.63	0.73	0.69
	X_{12}	0.88	0.56	0.60	0.95	0.71	0.69

2010 年		外高桥保税区各要素					
		X_{13}	X_{14}	X_{15}	X_{16}	X_{17}	X_{18}
城市各要素	X_1	0.62	0.57	0.85	0.53	0.67	0.67
	X_2	0.78	0.58	0.59	0.90	0.62	0.68
	X_3	0.73	0.55	0.79	0.54	0.76	0.65
	X_4	0.76	0.58	0.58	0.97	0.74	0.69
	X_5	0.70	0.57	0.79	0.62	0.70	0.63
	X_6	0.74	0.59	0.62	0.95	0.68	0.68
	X_7	0.83	0.97	0.69	0.95	0.85	0.98
	X_8	0.76	0.94	0.98	0.68	0.90	0.89
	X_9	0.98	0.70	0.96	0.71	0.82	0.87
	X_{10}	0.93	0.70	0.82	0.86	0.90	0.97
	X_{11}	0.67	0.57	0.85	0.73	0.76	0.75
	X_{12}	0.83	0.53	0.64	0.97	0.77	0.72

致　　谢

本书是以我的博士论文为基础，融合近5年的相关研究成果，经多次修改完善而成。回首往事，倍感时间短促。在本书付梓出版之际，心中满怀感激。

首先感谢恩师曹有挥研究员。本书的形成和完善都是在恩师悉心指导下完成的，他渊博的知识、严谨的治学态度、洞察学科动态的毅力，时刻鞭策着我；谦和儒雅的学者风范、宽厚仁慈的胸怀、积极乐观的生活态度是我学习的楷模，并将永远影响着我。在学习工作期间，恩师及师母卞老师在生活上给予我深深的关爱，我唯有铭记心中而加倍努力！

非常感谢众多师长、朋友的真诚帮助，藉此表达我诸多感激之情。感谢南京师范大学吴启焰教授、南京大学罗小龙教授对书稿提出的宝贵意见；感谢中国科学院南京地理与湖泊研究所陈雯研究员多年来对我的关爱，感谢虞孝感研究员、姚士谋研究员、董雅文研究员等，真诚感谢他们的言传身教；感谢段学军研究员、陈爽研究员、张落成研究员、陈江龙副研究员、赵海霞副研究员、苏伟忠副研究员等在工作中的指导和关心。

感谢曹卫东教授、吴威副研究员等同门师兄弟（妹）以及郑焕友、黄天送等朋友多年来的真诚帮助，衷心祝愿他们事业有成，一帆风顺！感谢中国科学院南京地理与湖泊研究所区域发展与规划研究中心每一个伙伴，感谢他们的支持、帮助。

感谢科学出版社的编辑们为本书出版所付出的一应努力。

深深感谢我的父母、岳父母，他们的理解、支持和关爱给了我努力的动力和进取的决心；感谢妻子在精神上给予的慰藉，在遇到挫折与困难时，给了我无限的温暖、勇气和力量。

本书在编写过程中参阅了大量国内外文献，在此一并感谢！但由于水平、资料等有限，书中难免存在疏漏和不妥之处，恳请广大读者不吝赐教。

最后衷心祝愿大家身体健康，心想事成！

梁双波

2014年7月于南京